Den vergessenen Kindern Afrikas

INHALT

GELEITWORT
VON JEAN ZIEGLER

Selten habe ich ein so erschütterndes, kluges und hoffnungs-volles Buch gelesen.

Wer an der Welt nicht verzweifeln will, sollte unbedingt Ute Winkler-Stumpfs Buch *Das geschenkte Lächeln* lesen. Es zeigt, wie ein einzelner, mutiger Mensch, unterstützt von einer liebenden Familie und einer aktiven, solidarischen Gemein-schaft, afrikanische Kinder von einer der fürchterlichsten Krankheiten der Welt – Noma – heilen und befreien kann.

Der französische Schriftsteller Georges Bernanos sagt: »Gott hat keine anderen Hände als die Unseren.«

Jean Ziegler

VORWORT

VON SENTA BERGER

Bitte machen Sie keine großen Worte, bat mich die Autorin dieses Buches Ute Winkler-Stumpf. Ich fürchte, diesem Wunsch kann ich nicht ganz entsprechen. Es sollen angemessene Worte sein. Aber wenn man das Leben von Ute Winkler-Stumpf betrachtet und beschreiben will, werden einige »große« Worte schon darunter sein müssen.

Ihre Lebensentscheidungen sind beachtenswert. Der Wunsch, die christliche Nächstenliebe zu leben, führte sie in ihren jungen Jahren in ein Kloster und wenig später in die Mitte des Lebens. Als Ehefrau, als Mutter, als Lehrerin, als Mitbürgerin, Mitdenkerin. Eine Frau, die in keinem Augenblick ihres Lebens ihre mitmenschlichen Gedanken und Aufgaben zur Seite schieben konnte oder wollte.

Ich lernte Ute Winkler-Stumpf in einer Künstlergarderobe des Prinzregententheaters in München kennen. Das muss Ende der 1990er-Jahre gewesen sein. Ich hatte eine festlich-weihnachtliche Veranstaltung vor mir, mit Kammermusik und weihnachtlichen Geschichten und Gedichten. Es gab damals einen sehr engagierten Regisseur, der unter anderem bei den alljährlichen Spendenkalender-Beiträgen von

Sternstunden e. V., der Benefizaktion des Bayerischen Rundfunks, mitarbeitete. Er hieß Christian Herrmann. Seine Aufgabe war es zudem, geeignete, willige und möglichst prominente Paten zu seinen Kalender-Filmprojekten zu finden, die sich im Fernsehen für Menschen in Not einsetzen würden. Christian Herrmanns hervorragendste Eigenschaft war (und ist) seine Dickschädeligkeit. Diese wurde nur noch übertroffen durch die Hartnäckigkeit von Ute Winkler-Stumpf.

Ich hatte damals halbherzig zugesagt, in der Sendung des »Sternstunden-Kalenders« eine öffentliche Patenschaft für Noma-Kinder zu übernehmen, ohne erst einmal zu wissen, was diese Krankheit mit ihren schrecklichen Auswüchsen denn ist. Aber auch nachdem ich mich über Noma informiert hatte – die Krankheit war in unseren Breiten so gut wie unbekannt und das Internet gab es noch nicht –, hatte ich nur eine vage Vorstellung davon. Aus einer halbherzigen Zusage, einen kurzen Text für *Sternstunden* in die Kamera zu sprechen, wurde auf Christian Herrmanns Drängen und Überzeugungsarbeit hin eine erste Begegnung mit Ute Winkler-Stumpf und einem ihrer ersten Noma-Kinder. Ich denke, der kleine Junge hieß Hamidou.

Ich war auf die grausame Verunstaltung, die durch Noma geschieht, vorbereitet worden. Dennoch war ich sehr erschrocken, als ich das Gesichtchen des Kindes sah. Zwei große schöne Augen. Kein Mund, kein Kiefer. Ein kleiner scheuer und dennoch zutraulicher Junge. Die selbstverständliche Art von Ute Winkler-Stumpf mit dem Kind, aber auch mit mir umzugehen, beeindruckte mich.

Wenig später, nach unserem kurzen Zusammentreffen in meiner Garderobe, ging ich auf die Bühne und sprach die großen, traditionellen Texte der Weihnachtszeit von Versöhnung und von Nächstenliebe. In Gedanken war ich die ganze Zeit bei dem kleinen Jungen und bei der Frau, die ihn begleitet hatte.

Im Laufe der Jahre habe ich eine Ahnung von der Aufgabe bekommen, die Ute Winkler-Stumpf sich gestellt hat.

Eine Lebensaufgabe.

Dieses wunderbare Buch handelt von Mitmenschlichkeit, von Liebe und Mut.

Ich bewundere diese Frau, gerade weil sie uns zeigt, was ein Mensch bewirken kann. Keine überlebensgroße, sagenhafte Heldin. Sondern ein Mensch – wie du und ich.

»Es gibt nichts Gutes, außer man tut es.« Dieser Satz von Erich Kästner bringt es auf den entscheidenden Punkt.

Ihre
Senta Berger

EINE KLEINE EINFÜHRUNG

HILFSAKTION NOMA E. V.

»Punkt – Punkt – Komma – Strich – fertig ist das Mondgesicht.« Kennen Sie diesen Kinderreim? Mit solch minimalem Einsatz lässt sich ein Gesicht zeichnen. Augen, Nase, Mund – und schon ist es fertig, der Smiley als Sinnbild des Lächelns.

Unser Gesicht spricht Bände: Die Augen blinzeln bei Sonnenschein, weiten sich vor Angst oder verengen sich, wenn wir uns konzentrieren. Die Nase lässt sich rümpfen oder blähen. Der Mund verzieht sich zu einem Lächeln oder zuckt bei Missfallen. Über das Gesicht stellen wir unsere Seele zur Schau – zeigen anderen Menschen, wie es in uns aussieht. Ohne die Botschaften des Gesichts ist Kommunikation unter den Menschen kaum denkbar. Manche Menschen lesen in Gesichtern wie in einem offenen Buch.

Aber was wäre, wenn das nicht so funktioniert, wie man möchte? Was, wenn man keine Kontrolle über seinen Gesichtsausdruck hat? Kinder, die an Noma erkrankt sind, haben eine große Scheu, ihr Gesicht zu zeigen. Sie wirken ernst und eingeschüchtert, haben gelernt, dass ein Lächeln mit ihrem Gesicht wie eine Fratze wirkt. So sehr, dass sich Menschen abwenden, um das Entsetzen zu verbergen. Das ist auch der Grund, warum Sie weder im Innenteil noch auf dem Cover dieses Buches Fotos von an Noma erkrankten Kindern finden werden. Gerne können Sie sich auf der Homepage der *Hilfsaktion Noma e. V.* (www.hilfsaktionnoma.de) einige Fotos und auch einen Film anschauen. In diesem Buch selbst müssen die Worte genügen.

Das geschenkte Lächeln ist ein Buch, in dem ich Ihnen von meinem Einsatz für die Kinder in Afrika erzählen möchte. Es geht dabei um die Hilfsaktion Noma e. V., die ich vor über 20 Jahren gründete, um an Noma erkrankten Kindern zu helfen. Als ich zum ersten Mal mit kleinen Noma-Patienten zu tun hatte, musste ich um Fassung ringen. Eine solch grausame Krankheit hatte ich bis dahin noch nie gesehen. Was ich aber am meisten vermisste, war das Kinderlachen. Wie grausam kann eine Krankheit sein, die den Kindern das Lächeln stiehlt?

Angesichts der schrecklichen Reichweite der Entstellungen ist es fast profan, über das Lachen zu philosophieren. Manchmal haben die Bakterien (einen speziellen Erreger hat man bislang nicht gefunden) den Kiefer oder die Nase derart zerstört, dass Essen und Trinken nicht mehr möglich sind. Die betroffenen Kinder werden von ihren Familien versteckt, weil es als böses Omen gilt, sie den Blicken anderer Menschen auszusetzen.

Trotzdem ist es für mich mit am schlimmsten, dass die Kinder durch die Krankheit der Möglichkeit beraubt wurden, Emotionen durch die Mimik auszudrücken. Zum Lächeln braucht man beispielsweise 43 verschiedene Gesichtsmuskeln. Sind diese zerstört, können sie auch durch aufwendige Operationen nur bedingt wiederhergestellt werden, ebenso wie auch Kiefer- und Wangenknochen sich nur schwer rekonstruieren lassen.

Die Krankheit Noma unter Kontrolle zu bringen und dabei auch in die Prävention zu investieren, ist ein wichtiger Teil unserer Vereinsarbeit. Das größte Geschenk jedoch ist, wenn die Kinder wieder lachen können. Denn bei aller Unterschiedlichkeit der Menschen in Kultur, Sprache und Aussehen – eines haben sie doch gemeinsam: das Lachen und das Lächeln, ein Ausdruck von Glück und Freude gleichermaßen.

Ein herzerfrischendes Kinderlachen ist immer noch der beste Beweis dafür, dass die Mitarbeiterinnen und Mitarbeiter der Hilfsaktion alles richtig machen.

Ich wünsche Ihnen eine spannende Lektüre.

Ihre
Ute Winkler-Stumpf

KAPITEL 1
WIE ALLES BEGANN

Die Geschichte beginnt am 31. August 1994. Es waren Sommerferien in Bayern – und ich als Lehrerin hatte frei. An diesem Mittwochabend saß ich noch spätabends vor dem Fernseher und schaltete durch die Programme. Ich war auf der Suche nach leichter Kost. Es war 23 Uhr und auf RTL lief gerade *stern TV* mit Günther Jauch.

Die Kamera schwenkte über eine kleine Gesprächsrunde, neben dem Moderator saß ein Mann mit ernster Mine und neben ihm ein kleiner afrikanischer Junge namens Issaka. Sein Gesicht schien auf einer Gesichtshälfte dunkler als auf der anderen Seite. Was war das? Ich hörte, wie Günther Jauchs Gesprächspartner, ein Mann namens Yvan Muriset, über Afrika erzählte. Er berichtete von einer Reise durch Niger und davon, dass er in der Wüste Kinder vor die Kamera bekam, wie er sie so noch nirgendwo gesehen hatte. Muriset sagte, die Kinder litten an einer Krankheit, die Noma hieß.

Noma ist eine bakterielle Erkrankung, die fast ausschließlich unter- und mangelernährte Kinder in Entwicklungsländern betrifft. Die krank machenden Keime beginnen meist an der Wangenschleimhaut mit der Bildung von Geschwüren und zerstören das betroffene Gewebe. Von dort aus befällt Noma auch tiefere Gewebsschichten, wie Muskulatur und Knochen. Unbehandelt breitet sich die Infektion über das gesamte Gesicht aus. Das kann zu einer Beeinträchtigung vieler wichtiger Körperfunktionen wie Essen, Sprechen, Riechen, Sehen und Hören führen. Die erfolgreichste Bekämpfung der Krankheit wäre eine Verbesserung der Lebensverhältnisse in Entwicklungsländern, da sich Noma bei Nahrungsmangel und schlechter Hygiene ausbreiten kann.

Jetzt wurden Bilder eingeblendet, grausame Bilder. Günther Jauch erklärte, was die Zuschauer nun sahen. Der kleine Issaka sollte auch so ein entstelltes Gesicht gehabt haben! Kaum vorstellbar, denn der kleine Bub saß ruhig und anscheinend unversehrt auf dem großen roten Sofa. Mit eindringlichen Worten wies der Moderator darauf hin, dass die kommenden Aufnahmen nichts für schwache Nerven seien. Wie recht er hatte. Ich schnappte nach Luft – und schaltete um. Nein, das wollte ich nicht sehen. Nachher könnte ich nicht mehr schlafen, dachte ich.

Es dauerte jedoch nur einen Moment, da hatte die Neugier gesiegt und ich schaltete wieder zurück auf RTL. Mit einer Mischung aus Faszination und Entsetzen schaute ich den Bericht an, der von der Arbeit der Schweizer Stiftung *Sentinelles* handelte. Jede Information saugte ich auf, notierte gedankenverloren den Namen des Schweizer Studiogastes Yvan Muriset auf den Rand einer Tageszeitung. Die Adresse, unter der man weitere Informationen anfordern konnte, schrieb ich direkt daneben.

In dieser Nacht schlief ich tatsächlich schlecht. Aber nicht, weil mich die schockierenden Bilder bis in die Träume verfolgten. Es war vielmehr eine Idee, die sich in meinem Kopf festgesetzt hatte und über die ich nicht mehr aufhören konnte nachzudenken. Es war der Wunsch, diesen Kindern zu helfen.

Runder Tisch bei Familie Winkler-Stumpf

Am Morgen nach der Sendung brannte ich bereits darauf, meiner Familie von meinen Gedanken und Überlegungen zu berichten. Mein Mann Paul und unsere Söhne Vasco (damals 17) und Mathis (damals 20) saßen bereits am Tisch, als ich zum Frühstück kam. Zwischen Kaffee und Brötchen sprudelte es aus mir heraus. Haarklein erzählte ich alles, was ich am Abend zuvor erfahren hatte, und schilderte die Bilder bis ins kleinste, grausame Detail.

Um mich herum wurde es still. Schließlich brach Paul das Schweigen: »Und was genau willst du dagegen machen?«, fragte er.

Auf diese Frage hatte ich gewartet: »Helfen natürlich! Ich werde eine Aktion der Hilfe an den Schulen in Regensburg initiieren. Und dann holen wir so ein Kind nach Regensburg und lassen es hier operieren.«

»Moment, Moment«, stoppte Paul meinen Redefluss. »Hast du dir das auch genau überlegt? Und wo willst du überhaupt dieses Kind unterbringen?«

»Na ja, also zunächst ist es ja nur so eine Idee. Aber bis die Schule in zwei Wochen beginnt, werde ich ein Konzept ausgearbeitet haben ...« Ich konnte kaum still sitzen, so sehr brannte ich darauf, alles genau zu planen. »Und wegen der Unterbringung: Das Kind könnte ja die paar Wochen bei uns wohnen.«

Jetzt meldete sich Vasco zu Wort:»Boah, ich glaub', mir wird schlecht. Wenn so ein Kind zu uns kommt, dann kriege ich keinen Bissen mehr runter ...«

Mathis lachte:»Ich finde die Idee gut.«

Paul nickte:»Ja, ich bin auch dabei.« Und an Vasco gerichtet:»Es wird schon nicht so schlimm werden. Wahrscheinlich hat deine Mutter ja nur übertrieben in ihren Schilderungen.«

Insgeheim hoffte ich, dass Paul recht hatte. Die Bilder vom Vorabend hatten sich zwar tief in meine Erinnerung gebrannt, doch ich sagte mir, dass die Fernsehleute vielleicht nur besonders aufrüttelnde Bilder gezeigt hätten, um die Aufmerksamkeit der Zuschauer zu binden.

Nun waren im Jahr 1994 Informationen bei Weitem noch nicht so leicht verfügbar wie heute. Es gab kein Google und auch E-Mails waren noch nicht weit verbreitet – aber ich hatte eine Schreibmaschine und die Adresse von *stern TV*. Dorthin schrieb ich meinen ersten Brief. Ich bat um die Kontaktdaten dieser Schweizer Stiftung *Sentinelles*.

»Eine Aktion der Hilfe«

Die 14 Tage bis Schulbeginn verbrachte ich mit Recherchearbeit. Bald wusste ich, wo der Staat Niger liegt und dass es sich dabei um eines der ärmsten Länder Afrikas handelt. Ich schlug im Lexikon nach, um mehr zu erfahren: Die Republik liegt in Westafrika, ist 1 267 000 Quadratkilometer groß und besteht, von einem schmalen Uferstreifen entlang des Flusses Niger abgesehen, vor allem aus Wüste. Dementsprechend sind die Ernten dürftig und die sporadischen Regenfälle genügen kaum, um ausreichende Erträge zu garantieren.

In der Folge wird vor allem die Landbevölkerung regelmäßig von Dürrekatastrophen und Hungersnöten heimgesucht. Niger ist ein Binnenland und wird geografisch in Sahara, Sahel- und Sudanzone unterteilt. Gemeinsame Grenzen bestehen im Westen zu Burkina Faso und Mali, nach Norden mit Algerien und Libyen, nach Osten mit Tschad sowie nach Süden mit Nigeria und Benin.

Über Noma, diese grauenhafte Krankheit, die Günther Jauch in seiner Sendung gezeigt hatte, fand ich jedoch nichts. Ich wusste nur das, was ich in der Sendung aufgeschnappt hatte. So schrieb ich alles, woran ich mich aus dem Fernsehbericht erinnerte, auf und entwickelte mit einem fast unheimlichen Tatendrang das Konzept für eine Hilfsaktion aller Regensburger Schulen. Meine Planung stand unter der Prämisse »Wertevermittlung für Schüler durch das praktische Engagement für hilfsbedürftige Kinder«. Ich brannte für die Idee, übergreifend für alle Schulformen ein didaktisches Konzept zu entwickeln, um gemeinsam diesen armen Kindern zu helfen.

Die Antwort von *stern TV* kam pünktlich zum Schulbeginn. Allerdings waren die Informationen der Redaktion nur dürftig und wenig erhellend. Im Prinzip nicht viel mehr als das, was ich mir ohnehin schon notiert hatte. Der Sender bot mir allerdings an, meine Anfrage weiterzuleiten Ich setzte mich also umgehend wieder an meinen Schreibtisch und schrieb einen weiteren Brief.

Schon wenig später bekam ich Post von *Sentinelles* aus Lausanne (Schweiz). Die enthaltenen Informationen waren genau die Mosaiksteinchen, die ich brauchte, um meinem Konzept für den Schuleinsatz den letzten Schliff zu geben. Zudem waren auch Fotos dabei, die Kinder mit schrecklichen Entstellungen im Gesicht zeigten.

Durch eine Broschüre erfuhr ich mehr über *Sentinelles*. Die Stiftung wurde 1980 von Edmond Kaiser gegründet, der auch schon die Organisation *terres des hommes* ins Leben gerufen hatte und diese über 20 Jahre lang leitete. Sentinelles bedeutet im Französischen »Wächter« oder »Wachtposten«. Die Stiftung ist in den verschiedensten Ländern Afrikas, in Kolumbien und der Schweiz aktiv und kümmert sich unter anderem um an Noma erkrankte Kinder in Niger. Zudem sucht sie nach Möglichkeiten, diese kleinen Patienten in Europa operieren zu lassen.

Jetzt hatte ich alles beieinander, um meine Lehrerkollegen zu überzeugen. Da ich meine Kollegen häufiger einmal mit neuen Ideen überraschte, wusste ich schon vorher, was sie sagen würden: »Ach, Ute, du wieder mit deinen Ideen.« Ja, vielleicht war der Gedanke noch nicht ganz ausgereift, aber noch nie zuvor hatte ich für etwas so sehr gebrannt.

»Gott schreibt gerade auch auf krummen Zeilen«

In seinem Buch *Der seidene Schuh* hatte der Autor Paul Claudel seinem Werk ein Zitat vorangestellt: »Gott schreibt gerade auch auf krummen Zeilen.« Es soll sich dabei um ein portugiesisches Sprichwort handeln.

Auf besondere Weise hat mich dieses Zitat mein Leben lang begleitet. Wenn ich schreibe, dass ich noch nie zuvor für etwas so sehr gebrannt habe, dann stimmt das natürlich nicht ganz. Aber es war lange her, sehr lange. Es gab eine Zeit in meinem Leben, da war ich Gott sehr nah. Es war die Zeit, als ich im Kloster lebte.

Dort hingekommen bin ich nicht allein aus tiefem Glauben, sondern weil eine Schule, die von Franziskanerinnen geleitet wurde, in meiner Jugend für mich der einzige Weg zu sein schien, meine Ziele zu erreichen. Ich wollte, was in den 1950er-Jahren keineswegs selbstverständlich war, einen höheren Schulabschluss erreichen, am besten das Abitur machen und anschließend studieren. Ich lebte deshalb in einer Internatsschule für Mädchen, weit weg von zu Hause. Dort hatte ich Zeit zum Lernen und die Ruhe, mich auf die Schule zu konzentrieren. Die Nonnen, die die Schule leiteten, unterstützten mich sehr, und nach meinem Schulabschluss lag es für mich nahe, einmal im Kloster anzufragen, ob sie mir auch bei meinem weiteren Lebensweg behilflich sein könnten.

Zugegeben, ich war naiv. Beim Aufnahmegespräch mit der Nonne, die für die Novizinnen verantwortlich war, fragte ich ganz rund heraus: »Ist das hier wirklich so wie in dem Film *Die Geschichte einer Nonne* mit Audrey Hepburn?«

Für alle, die diesen Film nicht kennen: Audrey Hepburn spielt darin ein Mädchen aus gutbürgerlichem Haus, das ins Kloster eintritt, um sich ihren Traum erfüllen zu können – nämlich Ärztin in der Mission zu werden. Sie kommt von Anfang an mit den strengen Klosterregularien in Konflikt. Anstatt Ärztin wird sie Krankenschwester und darf so doch noch in die Mission. Dort verliebt sie sich in einen Arzt. Und als sie einen Patienten von Afrika nach Europa zurückbegleiten muss, bricht der 1. Weltkrieg aus und sie muss im Mutterhaus bleiben. Dort findet sie sich nicht mehr zurecht und verlässt am Ende der Geschichte den Orden.

Die Schwester schüttelte energisch ihren Kopf: »Nein, ist es nicht. Ich habe den Film auch gesehen. Ich kann dir versichern, das ist reine Fantasie.«

Darauf vertrauend, dass das wohl alles seine Richtigkeit haben würde, trat ich ins Kloster ein. Für mich war das auch in Ordnung. Ich brauchte mich schließlich um nichts zu kümmern. Ich bekam zu essen, ein Bett und Kleidung. Nur dass meine Briefe kontrolliert wurden und ich um jede »Extravaganz« (zum Beispiel Seife) bitten musste, empfand ich als lästig. Aber als Novizin musste man sich damit wohl arrangieren.

Nach einem Jahr wurde ich zur ersten Profess zugelassen. Als Profess bezeichnet man das öffentliche Ablegen der Gelübde. Damit versprach ich Gehorsam, Keuschheit und Armut. Die Bekenntnisse legt man in mehreren Stufen ab. Nach dem Noviziat kommt eine auf drei Jahre festgelegte zeitliche Profess, die danach noch mal um zwei Jahre verlängert werden kann. Eine Zeit, die ich nutzen wollte, um ein Studium meiner Wahl zu beginnen. Das Problem mit dem Gehorsam begann damit, dass ich nicht das werden konnte, was ich wollte.

Eigentlich hatte ich mir nämlich vorgenommen, Medizin zu studieren und dann als Ärztin in die Mission zu gehen. Hier im Kloster machte man mir allerdings schnell klar, dass Nonnen nicht Medizin studierten. Und dass ich mir den Wunsch, in die Mission zu gehen, besser abschminken sollte. Stattdessen wurde ich Fachlehrerin für Hauswirtschaft, Handarbeiten und ähnlich praktische Schulbereiche, weil der Orden dafür gerade Personal brauchte.

Die Spielregeln des Klosterlebens lernte ich schnell, doch nicht immer gefiel mir, was man von mir verlangte. Das Mutterhaus wurde streng geführt und mit der Zeit fühlte ich mich beengt. Etwas mehr Freiheit versprach ich mir davon, nach der ersten zeitlichen Profess rauszukommen, in die »Welt«

zu kommen. Innerhalb der Klostergemeinschaft konnte man sich nur in ein anderes Ordenshaus versetzen lassen. Man entschied, mich nach Freystadt in die Oberpfalz zu schicken. Auf dem Weg dorthin hatte ich an einer Tankstelle angehalten, um das Auto meiner Eltern zu betanken, die mich dorthin begleitet hatten. Natürlich trug ich meinen Habit, andere Kleidung hatte ich nicht. Mit dem Zapfhahn in der Hand sprach mich ein junger Mann mit den Worten »Dürfen Nonnen überhaupt Autofahren?« an.

»Willkommen in Freystadt«, dachte ich mir und war zunächst wenig erfreut, als ich diesem jungen Mann in der nächsten Zeit öfter begegnete. Denn während ich an einer Mädchenschule unterrichtete, arbeitete er als Lehrer an einer Klosterschule für Jungs. Er hieß Gabriel und war Mönch im Franziskanerkloster. Wir begegneten uns ab und an auf kirchlichen Veranstaltungen, zu denen wir unsere Schülerinnen und Schüler begleiteten. Doch schließlich wurden wir so etwas wie Freunde und führten auch mal das ein oder andere längere Gespräch bei unseren Begegnungen.

Nach drei Jahren stand die Verlängerung der Profess für weitere zwei Prüfjahre an. Dies fand im Mutterhaus des Ordens statt. Die Mauern des Klosters erschienen mir zunehmend bedrückend und ich war froh, als ich schließlich wieder nach Freystadt zurückkonnte. Die Freude währte nur kurz, denn noch vor dem neuen Schuljahr wurde ich nach Lohr am Main abberufen. Der Gehorsam hatte mich eingeholt. Ich wollte nicht, aber ich fuhr nach Lohr am Main.

Es waren die vielen Kleinigkeiten des klösterlichen Lebens, die mich zunehmend belasteten. In dem neuen Kloster angekommen, wusste ich schon sehr bald, dass ich am falschen Platz war. Ich gab um eine Dispens meiner Gelübde ein und bekam dazu dann auch die Erlaubnis vom Bischof in Würzburg. Ich war dadurch ungebunden und frei.

Und da stand ich, mittlerweile Mitte 20, von heute auf morgen vor einem neuen Lebensabschnitt. Es waren Osterferien und ich hatte nicht viel Zeit, mich um eine neue Schulstelle zu bewerben. Ich trug zwar bei meinem Weggang aus dem Kloster noch meine Ordenstracht, den Habit, war aber keine Nonne mehr. Meine Familie lieh mir Geld für einen Neuanfang. Aus meinem zweiten Habit hatte ich mir zuvor heimlich ein Kleid genäht. Auf einem Rastplatz an der Autobahn wechselte ich das Nonnengewand gegen die selbst genähte Zivilkleidung. Die Regierung Mittelfranken gab mir kurzfristig eine Stelle in Stein bei Nürnberg. Dort sagte ich niemandem, woher ich kam. Es sollte auch nur ein kurzes Gastspiel werden.

Ich wusste schon bald, wo ich hinwollte. Ich bewarb mich und wurde schließlich Dozentin am Staatsinstitut für die Ausbildung von Fachlehrerinnen in Nürnberg. Von hier aus nahm ich wieder Kontakt zu Gabriel auf, der mittlerweile in Regensburg im zweiten Studium Pädagogik studierte (und später darin promovierte).

Später verließ auch er den Orden. Nach einer Dispens von Rom beendete er seine priesterlichen Aufgaben. Er war zwar ein guter Lehrer an der klösterlichen Schule, aber er hatte gleichzeitig auch erhebliche Meinungsverschiedenheiten mit seinen Ordensoberen über die Vorstellungen zu zeitgemäßer, außerschulischer Jugenderziehung. Aus dem Ordensbruder Gabriel wurde durch die Laisierung des Papstes wieder der Privatmann Paul Winkler.

Mit 30 Jahren begann nun für uns beide ein neues Leben. Wir heirateten und gründeten eine Familie. Ich ließ mich von Nürnberg nach Regensburg versetzen. Arbeitete dort an einer Grund- und Hauptschule und parallel auch als Fachberaterin beim Staatlichen Schulamt Regensburg für die Fachlehrerinnen an den staatlichen Schulen in der Stadt.

Mein Leben war rundum ausgefüllt. Jede berufstätige Mutter weiß, wovon ich spreche. Neben meinen beiden Söhnen war es vor allem mein Beruf als Lehrerin und Fachberaterin, der mich einnahm. Man schätzte mich unter anderem wohl deshalb, weil ich immer wieder versuchte, frischen Wind durch die Klassenzimmer wehen zu lassen. Ich war engagiert – und ja, ich gebe zu, dass nicht alle meine neuen Ideen freudig angenommen wurden. Aber ich war glücklich, wenn mal wieder eine meiner Ideen am Ende doch ein Lächeln in die Gesichter meiner Schüler und Fachkolleginnen zauberte.

So zogen die Jahre dahin. Bis ich mich an besagtem Abend gebannt vor dem Fernseher sitzend wiederfand und jedes Wort und jedes Bild des Beitrags über Noma in mich aufsog. Mitte der 1990er-Jahre war auch privat eine Zeit für Veränderung. Mein ältester Sohn Mathis war dabei, das Haus zu verlassen und zum Studium nach England zu gehen.

Und zufällig in dieser Situation kam diese Idee, an Noma erkrankten Kindern in Afrika zu helfen in mein Leben. Und damit erfüllte sich irgendwie – wenn auch mit jahrzehntelanger Verspätung – mein Wunsch, notleidenden Kindern zu helfen. Zwar nicht als Ärztin, sondern aus meiner Position als Lehrerin heraus. Aber wie war das noch gleich: »Gott schreibt gerade auch auf krummen Zeilen.« Auf allerlei Umwegen war ich meinem Ziel unabsichtlich ein bisschen näher gekommen.

Die Lehrerkonferenz

Darüber, wie mein Auftritt auf der ersten Lehrerkonferenz im Schuljahr 1994/1995 aufgenommen wurde, kursieren bis heute unterschiedliche Versionen. Im Endeffekt konnte ich wohl alle überzeugen, selbst wenn die Zustimmung nicht so einhellig und enthusiastisch war, wie ich es mir vielleicht vorgestellt oder zumindest erhofft hatte. Viele Kollegen von einst sind auch heute noch Mitglieder im Verein *Hilfsaktion Noma e. V.*, der einige Monate später gegründet wurde.

Dreh- und Angelpunkt meines Konzepts war es, fächer-übergreifend Werte zu vermitteln, und zwar in jeglicher Schulform, die Regensburg zu bieten hatte, das heißt von der Grundschule bis zum Gymnasium. Nun ist die Wertevermittlung per se ein schwieriges Thema und die Lehrerschaft tut sich hinlänglich schwer, diesen Lehrauftrag nachhaltig zu erfüllen. Das liegt schlicht daran, dass es sich dabei nicht um ein Schulfach handelt, sondern um eine Haltung, die die Schüler im Laufe ihrer Schulzeit in allen Fächern vermittelt bekommen sollten. Und etwas, was so nebenbei vermittelt werden soll, wird schnell an den Rand gedrückt oder fällt hinten runter. Aber mit meinem Konzept wurde die Wertevermittlung in den Unterrichtsmittelpunkt gerückt, zwar zeitlich begrenzt, aber immerhin.

Das Motto des Schulprojektes war schnell gefunden und lautete: »Schau nicht weg!« Angesichts der Fotos entstellter afrikanischer Kinder war das eine Herausforderung. Aber mir ging es um so viel mehr. Für mich sind die wichtigsten Werte in Artikel 3 des Grundgesetzes niedergeschrieben: »Alle Menschen sind (vor dem Gesetz) gleich.« Für mich ergibt sich daraus, dass man sowohl das Recht darauf hat, eine eigene Persönlichkeit zu entwickeln, als auch die Verpflichtung, dies nicht auf Kosten anderer Menschen zu tun. Man muss anderen immer mit Respekt und auf Augenhöhe begegnen. Und man muss helfen, wenn andere Menschen Hilfe benötigen – und zwar unabhängig von Geschlecht, Rasse oder Religion. Und auch unabhängig davon, ob mein Nachbar Hilfe benötigt oder eben ein schwer erkranktes Kind in Afrika. Es ergibt sich daraus für mich auch die Verpflichtung, alles dazu Mögliche beizutragen, dass hilflose Menschen Hilfe bekommen. Und das kann wirklich jeder. Ich wollte deutlich machen, dass bei der Mithilfe zu dieser Aktion jede Hand gebraucht wurde und wir es nur gemeinsam schaffen konnten, nicht wegzusehen.

Meine Ziele waren hoch gesteckt – doch schlussendlich ging mein Plan auf. Alle Schulen und alle Schüler machten mit. Auch die damalige Oberbürgermeisterin Christa Meier sagte ihre Unterstützung zu und hält unserem Verein *Hilfsaktion Noma e. V.* bis heute die Treue.

Aber ich will nicht vorgreifen.

Die Nachmittage an der Schreibmaschine

Vom ersten Tag an kniete ich mich mit Elan und Begeisterung in mein Projekt. Kaum kam ich aus der Schule, setzte ich mich auch schon an den Schreibtisch, um die Vorbereitungen für meine Schulstunden zu erledigen. Und danach schrieb ich Briefe. Allein im ersten Jahr (also dem Schuljahr 1994/1995) waren es 188. Ich habe alle Leute, die ich kannte, und auch die, die ich noch nicht kannte, mit meinem Noma-Projekt »belästigt«. Zum einen ging es darum, den Kontakt zu *Sentinelles* in der Schweiz aufzubauen. Denn diese sollten uns ja das Kind vermitteln, das im Mittelpunkt der »Aktion der Hilfe« stehen würde. Natürlich und nachvollziehbar war, dass die dortigen Verantwortlichen mir, der kleinen, energischen Lehrerin aus Regensburg, erst einmal auf den Zahn fühlen wollten. So stellten sie mir beispielsweise unterschiedliche Aufgaben, die als Voraussetzung für die Vermittlung eines Kindes grundsätzlich waren.

Die erste Aufgabe lautete: Finden Sie ein Krankenhaus, in dem das Kind untergebracht und operiert werden kann.

Die zweite Aufgabe war: Finden Sie einen Arzt, der eine solche Operation durchführen kann.

Das hört sich relativ einfach an, ist aber kompliziert, wenn man weder einen kompetenten Mediziner kennt noch sich mit den Sachzwängen von Krankenhäusern auskennt. Ich suchte also erstmal eine Klinik, vorzugsweise in Regensburg, die beides hatte: freie Betten – die vielleicht sogar kostenlos oder zumindest kostenreduziert zur Verfügung gestellt werden konnten – und einen Facharzt oder eine Fachärztin für plastische oder Mund-Kiefer-Gesichtschirurgie. Die gab es durchaus, doch leider hatte die Fachärztin, die ich zuerst ansprach, noch nie zuvor von Noma gehört und die Klinikleitung konnte sich kostenfreie Operationsaktionen nicht »leisten«. Dann fand ich zwar Krankenhäuser, die unsere Aktion unterstützen wollten, diese beschäftigten aber wiederum keinen passenden Chirurgen.

Schließlich aber fand ich ein Krankenhaus – und zwar das der Barmherzigen Brüder –, das flexibel war und gegen die künstlerische Innenraumgestaltung durch Regensburger Schüler ein kostengünstiges Klinikbett bereitstellen würde. Dieses Geschäft ist bis heute gültig und die Ausgestaltung der Krankenzimmer wird noch immer fortgeführt. Zweimal im Jahr bekomme ich eine Einladung zur Vernissage, bei der neue Schülerkunst in dem Krankenhaus präsentiert wird. Im zweiten Halbjahr 2017 werden zum Beispiel 101 Schülerbilder ausgestellt, die von 82 Schülern stammen. Elf Schulen haben sich beteiligt – vom Gymnasium über die Real- und Mittelschulen bis zu Förder- und Grundschulen. Sechs Lehrkräfte zeichnen dafür verantwortlich. Wahrscheinlich weiß dort niemand mehr, wie es zu der Initiative kam. Es wurden so in den ersten Jahren sechs an Noma erkrankte Kinder im Krankenhaus der Barmherzigen Brüder operiert, bevor wir später die Möglichkeit hatten, die Kinder in Niger selbst zu operieren.

Einen fähigen Chirurgen zu finden, der als Gast an der Klinik operieren durfte, war dann gar nicht mehr so schwer. Und ich fand ihn, es war Dr. med. Dr. dent. Joachim Lachner. Er war ein niedergelassener Arzt in Regensburg und hatte zudem die Möglichkeit, im Krankenhaus der Barmherzigen Brüder zu operieren. Ich kontaktierte ihn per Telefon.

Oh, wie erfrischend, er war der Erste, dem ich die Bilder von Noma-Patienten zeigte und der sagte: »Kenne ich! Habe ich während meines Studiums in den USA schon gesehen und operiert.« Als er dann noch erklärte: »Ich mach das für Sie«, war mir die Erleichterung wohl ins Gesicht geschrieben. Ich jubelte innerlich und äußerlich. Die erste große Hürde war genommen.

Hektische Vorweihnachtszeit

An den Schulen in Bayern beginnen die Vorbereitungen für die Vorweihnachtszeit kurz nach den Herbstferien, also Mitte November. Fast überall werden dann Projekte ausgewählt, zu deren Gunsten ein Weihnachtsbasar veranstaltet werden soll. 1994 hatte ich allen Regensburger Schulen diese Qual der Auswahl abgenommen. Es war einmalig, dass damals alle Kräfte gebündelt auf ein Ziel ausgerichtet wurden. So, wie ich es geplant hatte, entstand daraus in vielen Regensburger Schulen ein Wir-Gefühl, ein Zusammenhalt, der der »Aktion der Hilfe für ein afrikanisches Kind« noch mehr Stärke verlieh.

In diesem Jahr wurde es genau aus diesem Grund besonders hektisch: weil eben nicht jede Schule für sich etwas veranstaltete, sondern alle gemeinsam auf ein Ziel hinarbeiteten. Es musste also erstmalig alles abgestimmt werden, was an Aktionen geplant war. Überall in den Klassenzimmern wurde gebastelt und gemalt, es wurden Flötenspiele eingeübt und Chorproben abgehalten. Erstmals wollten wir die Weihnachtsbasare nicht ausschließlich in den Schulen abhalten. Wir wollten mehr Menschen ansprechen. So fertigten eifrige Zuckerbäcker tausende süßer Plätzchen, die sogar auf dem Regensburger Weihnachtsmarkt verkauft werden sollten. An uns Lehrern war es, die Standpläne – verteilt über die Regensburger Innenstadt – zu koordinieren und entsprechende Genehmigungen von Behörden einzuholen. Das war etwas ganz anderes als in den Jahren zuvor, in denen man nur ein paar Verkaufstische in der Aula aufstellen musste.

Ich erinnere mich noch, dass das Wetter an diesen Adventswochenenden nicht besonders freundlich war. Es war kalt und regnete häufig. Da brauchte es Überwindung, mit der Spendendose in der Hand fremde Passanten anzusprechen und bestenfalls zu einer Spende zu überreden. Die Lektion, der »Wert«, den die Schülerinnen und Schüler bei solchen Außeneinsätzen auf dem Weihnachtsmarkt lernten, war auch, dass man durchaus die eigenen Befindlichkeiten hintanstellen muss, wenn man ein großes Ziel vor Augen hat. In unserem Fall war das, einem Kind aus Afrika eine lebensrettende Operation in Deutschland zu ermöglichen. Die Kinder fühlten sich dadurch stark und wurden sogar noch stärker, weil alle an einem Strang zogen.

Dabei war es wiederum Aufgabe der Lehrer, die Schüler engmaschig über alles zu informieren, was an Vorbereitungen im Hintergrund ablief. Die Schüler wurden in alle Schritte eingebunden und wussten zu jeder Zeit über alles Bescheid, was das Hilfsprojekt betraf.

Nicht zuletzt durch die Aufklärungsarbeit meiner Kolleginnen und Kollegen wurde das Projekt von einer Woge der Zustimmung und Unterstützung getragen, die mich glücklich machte. Doch wer Gutes tut, ruft damit zwangsläufig auch Zweifler auf den Plan. Und so erschien nur wenige Tage vor Weihnachten ein großer Artikel in der Lokalpresse, der leicht unsere ganze Aktion zunichte hätte machen können. Im Prinzip entstand dadurch der Eindruck, wir würden hochinfektiöse Kinder (ja, man sprach in der Mehrzahl) nach Regensburg bringen und es wäre keineswegs auszuschließen, dass man sich dabei anstecken könnte. Ich war schockiert und entsetzt über diesen Bericht. Er hatte mich verletzt und ich glaube, das merkten mir meine Schüler auch an.

Ich erinnere mich noch an eine Unterrichtsstunde, direkt nach dem Erscheinen des negativen Artikels. Da sagte ein kleines Mädchen zu mir: »Wenn man etwas Gutes erreichen will, dann erreicht man es auch, selbst wenn alle anderen dagegen sind.« Das war schön. Und es gab mir Kraft. Es will gelernt sein, mit Rückschlägen umzugehen.

Auch wenn die Zeitung alsbald eine Gegendarstellung veröffentlichte, war der Ruf unserer Hilfsaktion angeknackst. Ich hatte Sorge, dass nun das Schulamt und die Elternschaft aufgescheucht und die Aktion, die gerade so einen guten Lauf aufgenommen hatte, ausgebremst würde. Doch auf wundersame Weise geschah genau das Gegenteil: Man rückte näher zusammen. Auch das Schulamt und die Schulabteilung der Regierung der Oberpfalz erklärten sich nochmals solidarisch, jedoch ließ man mich wissen, dass es für die Weiterführung des Engagements vielleicht nicht schlecht wäre, einen Verein zu gründen. Und das taten wir dann auch noch kurz vor dem Jahreswechsel.

Die Gründung des Vereins Hilfsaktion Noma e. V.

Am 27. Dezember 1994 um 19:30 Uhr fand die Gründungsversammlung des Vereins *Hilfsaktion Noma* statt. Zwölf Menschen – Familie, enge Freunde und Kollegen – fanden sich an diesem Abend zusammen, um gemeinsam einen Verein zu gründen. Obwohl es uns damals als lästige Notwendigkeit erschien, das Schulprojekt auf sichere Füße zu stellen, war es doch der Beginn von etwas ganz Großem. Ich bin bis heute jedem Einzelnen dieser Gründungsmitglieder dankbar für ihren Mut und das Vertrauen.

Der Druck, einen Verein zu gründen, kam von verschiedenen Seiten, nicht nur vom staatlichen Schulamt in der Stadt Regensburg. Insbesondere *Sentinelles* in der Schweiz äußerte immer wieder Bedenken, ob sich auf einer Schulaktion allein eine gesicherte OP-Kampagne aufbauen ließe. Andererseits bot man uns auch Hilfe an, eine etablierte Organisation in Deutschland zu finden, die unsere Initiative unterstützen könnte. Damals fiel zum ersten Mal der Name *INTERPLAST e. V.* – ein segensreicher Hinweis, wie sich später herausstellen sollte.

INTERPLAST Germany e. V. ist ein gemeinnütziger Verein, der es sich zur Aufgabe gemacht hat, durch Operationskampagnen weltweit Menschen zu helfen. Es ist ein Zusammenschluss von in erster Linie plastischen Chirurgen, die in ihrer Freizeit direkt vor Ort operieren. Parallel dazu vermitteln sie auch Experten innerhalb von Deutschland, wenn es wie in unserem Fall darum geht, kostengünstige Eingriffe in Deutschland durchzuführen, weil die Patienten aus Dritte-Welt-Ländern eingeflogen werden müssen. Damals wurde durch *Sentinelles* der Kontakt zu Prof. Dr. Gottfried Lemperle hergestellt. Er hatte *INTERPLAST Germany e. V.* 1980 mitgegründet, nachdem er die Organisation in den USA kennengelernt hatte. Über die Jahre haben wir uns kennen- und schätzen gelernt und sind bis heute Mitglieder in beiden Organisationen.

Der Druck auf unsere schulische Hilfsinitiative wuchs wie gesagt erstmals nach dem Erscheinen des fatalen Zeitungsberichts kurz vor Weihnachten. Zum Glück brachte der Bayerische Rundfunk in seinem Radioprogramm Bayern 1 einen Bericht über unsere Arbeit, in dem wir die Vorwürfe entkräften konnten. Der zuständige Redakteur brachte dann noch eine weitere Organisation ins Spiel, die uns vielleicht weiterhelfen könnte: *Sternstunden e. V.*, die Benefizaktion des Bayerischen Rundfunks.

Sternstunden e. V. wurde 1993 auf Initiative von Thomas Jansing gegründet. Der Redakteur und spätere Unterhaltungschef des BR fand es unerträglich, dass der militärische Konflikt im ehemaligen Jugoslawien auch immer mehr Kinder in existenzielle Not brachte. Diesen Kindern zu helfen, war sein Ziel. Seit nunmehr 24 Jahren übernimmt *Sternstunden e. V.* mit Verantwortung für kranke, behinderte und in Not geratene Kinder – in Bayern, in Deutschland und weltweit.

Da auch *Sternstunden e. V.* einen Verein als Kooperationspartner brauchte, gab es für unsere Vereinsgründung viele triftige Gründe. Der Name stand von Anfang an fest: Aus einer »Aktion der Hilfe« wurde die *Hilfsaktion Noma e. V.* Ein befreundeter Anwalt stellte eine Satzung zusammen, die für unsere Belange notwendig sein würde; beispielsweise mussten wir vom Finanzamt den Status »gemeinnützig« erlangen.

In eineinhalb Stunden war die Gründung vollzogen und der Vorstand gewählt – und ich war die 1. Vorsitzende. Mit den Formalitäten ging es dann schnell voran. Schon in der ersten Woche des neuen Jahres 1995 war aus dem Schulprojekt ein eingetragener Verein geworden.

Treffpunkt Flughafen Frankfurt/Main

Die Gründung unseres Vereins stieß auf Wohlwollen und Unterstützung. Für mich persönlich war es in erster Linie die spürbare und sichtbare Unterstützung meines Tuns. Da war eine Gruppe von Menschen, die die gleichen Ziele hatte wie ich. Die Außenwirkung war jedoch plötzlich viel stärker, denn als Verein traute man uns mehr zu, als wir je gehofft hatten.

So kam es beispielsweise am 11. Januar 1995 zu einem ersten persönlichen Treffen mit den Mitarbeitern von *Sentinel-*

les und Prof. Dr. Lemperle von *INTERPLAST Germany e. V.* am Frankfurter Flughafen. Der Treffpunkt hatte praktische Gründe: Die Gesprächspartner von *Sentinelles* reisten mit dem Flugzeug an, Lemperle wohnte ohnehin in Frankfurt und wir, also mein Mann, ein weiterer Vorstand des Vereins und ich, konnten wiederum auch leicht mit unserem eigenen Auto von Regensburg dorthin gelangen.

Die Skepsis der vergangenen Monate wich unerwarteten Vertrauensbekundungen. Prof. Dr. Lemperle erklärte rundheraus: »Sie schaffen das. Daran habe ich keinen Zweifel.« Und als kleines »Bonbon« überraschte uns *Sentinelles* mit der Ankündigung, dass gleich zwei Kinder zur Operation nach Regensburg geschickt würden. Die beiden Jungs – Issiaka und Binia – wären bereits im *Sentinelles*-Zentrum in Zinder (Niger) zur Abreise bereit.

Ich war perplex – und ich war froh. Na gut, dachte ich, wenn wir ein Kind operieren lassen können, dann schaffen wir auch zwei. Eine Vorstellung von den finanziellen Herausforderungen hatte ich mir zu diesem Zeitpunkt jedoch noch nicht gemacht.

Allerdings hatte ich auch wenig Zeit zum Grübeln, denn mit dem Treffen am Frankfurter Flughafen war eine Kaskade von neuen Aufgaben und Anforderungen ausgelöst. In den Tagen danach überschlugen sich die Neuigkeiten: Yvan Muriset von *Sentinelles* kündigte seinen Besuch in Regensburg für die darauffolgende Woche an – und Prof. Dr. Lemperle schickte mir die Adressen von 41 Ärzten, die als Unterstützer unserer kleinen OP-Kampagne infrage kamen. Wieder einmal war Briefeschreiben angesagt. Allerdings hatte ich jetzt auch ein Faxgerät, sodass eine – wenn auch schriftliche – Kommunikation quasi in Echtzeit möglich war.

Drei Tage nach unserem Treffen in Frankfurt gab es eine erste Vorstandssitzung unseres Vereins. Unser Vorgehen musste den veränderten Verhältnissen – zwei Kinder anstatt einem Kind – angepasst werden.

Besuch aus der Schweiz

Am 19. Januar fuhren mein Mann Paul und ich zum Flughafen München, um unsere Gäste von *Sentinelles*, Yvan Muriset und Jean-Daniel Muller, in Empfang zu nehmen. Unter Hochdruck hatte unser Verein in den letzten Tagen daran gearbeitet, ein repräsentables Programm für dieses Treffen zusammenzustellen. Alles stand unter dem Motto: »Es darf nicht viel kosten, muss aber viel hermachen.« Die Übernachtung im Hotel Bischofshof in Regensburg machte garantiert viel her – zudem war sie ein Geschenk des Hauses.

Nach dem Frühstück am nächsten Morgen fuhren wir gemeinsam zum Studio des Bayerischen Rundfunks, wo Yvan Muriset ein Interview gab. Danach gab es eine Stadtführung durch Regensburg in französischer Sprache und ein Treffen mit Oberbürgermeisterin Christa Meier. *Sentinelles* sollte schließlich sehen, dass die ganze Stadt hinter unserer Initiative stand – und jetzt auch hinter dem Verein.

Aber natürlich waren die *Sentinelles*-Mitarbeiter nicht wegen unserer schönen Stadt gekommen, vielmehr wollten sie sehen, wo die Kinder operiert werden sollten und wer die verantwortlichen Mediziner waren. Noch vor dem Mittagessen besuchten wir die Barmherzigen Brüder und das ordenseigene, angeschlossene Krankenhaus. Nach dem Mittagessen fuhren wir zu uns nach Hause – eine andere Bleibe hatte der

Verein schließlich nicht – und besprachen bis zur Rückfahrt zum Flughafen die Operationsmaßnahmen für die Kinder Binia und Issiaka. Dr. Lachner hatte sich extra Zeit genommen, um unsere Gäste aus der Schweiz zu überzeugen. Zwar hatte Prof. Dr. Lemperle am Frankfurter Flughafen »die Hand für uns ins Feuer gelegt«, doch die Mitarbeiter von *Sentinelles* wollten sich nochmals persönlich von Dr. Lachners Qualifikation überzeugen. Schließlich ging es um das Leben zweier Kinder, wie sie nicht müde wurden zu betonen. Ich konnte das verstehen.

Wer kennt wen?

Es war Zeit für einen Kassensturz. Ende Januar wurden die Erlöse der Spendenaktion der Regensburger Schulen an den Verein *Hilfsaktion Noma e. V.* übertragen. Gleichzeitig wurde uns (also dem Verein) klar, dass die finanziellen Mittel lange nicht ausreichen würden, um allen Anforderungen gerecht zu werden. Zwar hatte die Spendenaktion aller Regensburger Schulen einen Betrag von sagenhaften 24 128 DM erzielt, doch angesichts der Ausgaben, die demnächst auf den Verein zukamen, war das leider immer noch nicht annähernd genug. Die Suche nach Unterstützung war fortan meine Hauptbeschäftigung an freien Nachmittagen und die Vorbereitung der Schulstunden wurde in die frühen Abendstunden verlegt.

Selbst wenn die Ärzte kostenlos operieren und die Klinik zum Selbstkostenpreis abrechnete, wie es bei uns der Fall war, fehlte beispielsweise noch das Geld für die Flüge der Kinder. Wir schwärmten also aus, um Kontakte zu knüpfen.

Parallel dazu musste ich noch ein logistisches Problem lösen: Es wurde noch eine Begleitung für die Kinder während des Fluges von Niamey nach München benötigt. Mir war klar, dass die Kinder – acht und vier Jahre alt – diese Reise nicht allein bewältigen könnten. Zumal eine Zwischenlandung in Paris notwendig war, die nicht nur einen Zwischenstopp bedeutete, sondern auch die Einreise nach Europa. Darüber hinaus fand der Weiterflug nach München von einem anderen Terminal aus statt.

Ein Mitarbeiter von *Sentinelles* hatte Antworten auf meine Fragen und verwies mich an die französische Hilfsorganisation *aviation sans frontiere*, die kostenfreie Flüge für den Transport von kranken Patienten aus Afrika nach Europa im humanitären Bereich unterstützte. Da die Air France diese Initiative unterstützte und auch die einzige Fluggesellschaft war, die Niger anflog, war dieser Hinweis Gold wert.

Wir teilten unser Anliegen mit und zu unserer größten Freude erklärte sich die Air France bereit, die Flüge für die Begleitperson zu sponsern. Wir mussten somit »nur« für die Flugkosten der beiden Kinder aufkommen. Auch die Übernachtungskosten für die Begleitperson am Münchner Flughafen mussten von uns getragen werden. Glücklicherweise fand ich dort ein verständnisvolles Hotelmanagement, das uns einen günstigeren Preis machte. Ich bin auch heute noch immer wieder erstaunt, wie viele Menschen uns und unser Projekt damals unterstützten. Ohne diese ganze Hilfe wären wir manchmal in der Tat aufgeschmissen gewesen. Die Barmherzigen Brüder vermittelten uns zudem eine große Einzelspende und so wuchs auch innerhalb des Vereins der Mut immer weiter, dass wir mit unserem Engagement nicht allein dastanden.

Schließlich kam auch die vorläufige Anerkennung der Gemeinnützigkeit für unseren Verein – und somit auch mehr Schwung in die Vereinsarbeit. Und wir hatten wirklich viel zu tun: Für die Ausreise der Kinder aus Niger musste ein Antrag gestellt werden, gleichzeitig brauchten sie ein Visum für Deutschland. Das wiederum zog den Antrag auf eine Aufenthaltsgenehmigung nach sich. Papiere, Anträge und Formulare – ich dachte: »Das nimmt nie ein gutes Ende.« Aber auch die städtischen Beamten der Ausländerbehörde halfen uns. Und es wurde langsam höchste Zeit, denn bereits am 23. März sollten die Kinder am Flughafen in München landen. Als schließlich auch noch *Sternstunden e. V.* am 8. März unseren Förderantrag zur Hilfe für weitere Behandlungen von Noma-Kindern in Deutschland genehmigte, war alles perfekt.

Runder Tisch bei Familie Winkler-Stumpf – die Zweite

Schon seitdem ich wusste, dass zwei Kinder zu uns nach Regensburg kommen würden, hatte ich mir Gedanken gemacht, wo wir die beiden unterbringen könnten. Dass wir als Gastfamilie zur Verfügung standen, war klar – aber welches Zimmer sollten wir ihnen geben? Nun war unser Sohn Vasco schon bald 18 Jahre alt und vielleicht würde er sein altes Kinderzimmer mit dem schönen Stockbett gegen die Aussicht tauschen, sich im Gästezimmer völlig neu einzurichten. Eine Familienkonferenz musste her.

An diesem Abend hatte ich für Vasco sein Lieblingsessen gekocht. Doch er hatte den »Braten« natürlich längst gerochen.

»Was ist los?«, forderte er uns heraus.

Ich drckste ein bisschen herum: »Ja, weißt du, ich hatte mir überlegt, ob du vielleicht ein neues Zimmer haben möchtest.«

Vasco schaute verblüfft von seinem Teller auf: »Wie? Ein neues Zimmer?«

»Nun, ich dachte, das Stockbett und so, da bist du doch allmählich raus aus dem Alter ...« Bereits jetzt gingen mir die Argumente aus.

Paul sprang mir zur Seite: »Ja, da gebe ich deiner Mutter recht. Wir dachten, du könntest ins Gästezimmer umsiedeln und das ganz neu nach deinem Geschmack einrichten.«

»Ehrlich?« Vasco machte große Augen. Dann besann er sich und fragte: »Warum?«

Nun musste ich mit der Sprache herausrücken: »Nun gut, wir dachten, in deinem Kinderzimmer könnten die Kinder aus Afrika wohnen ...«

Es entstand eine lange Pause. Paul und ich hielten die Luft an.

»Na gut«, sagte Vasco schließlich überraschend großmütig. »Aber das neue Zimmer ist versprochen. Und all meine Sachen nehm ich mit. Also, bis auf das Stockbett.«

Paul und ich waren erleichtert. Wir beide wussten als Eltern natürlich, dass das eigentlich ein bisschen viel verlangt war, Vasco zu bitten, sein Zimmer zur Verfügung zu stellen. Für uns kam es ein wenig der Vertreibung aus dem Kinderparadies gleich. Aber Vasco freute sich offenbar auch auf etwas Neues. Er stellte es überhaupt nicht infrage. Uns fiel ein Stein vom Herzen. Gleichzeitig war ich unglaublich stolz auf meinen Sohn.

Während mein Mann die Umräumungsaktion übernahm, kümmerte ich mich um die letzten Vorbereitungen für die

Ankunft unserer Gäste aus Afrika. Schließlich sollten diese drei Monate bleiben. Ich hatte beispielsweise schon viel zu lange damit gewartet, Übersetzer für Hausa, die afrikanische Sprache, die die Kinder sprachen, zu organisieren. Mir fiel zunächst nichts Gescheiteres ein, als mich bei der Universität in Regensburg zu erkundigen. Die wiederum verwies mich an die Ausländerbehörde. Ein segensreicher Hinweis, denn dort konnte man uns tatsächlich weiterhelfen. Schließlich wurden uns zwei junge Asylbewerber aus Afrika vermittelt, die sowohl Hausa als auch Englisch sprachen. Sie konnten sogar schon ein wenig Deutsch, was die Kommunikation extrem erleichterte.

Sie besprachen im Vorfeld sogar einige Kassetten auf Hausa. Zu diesem Zeitpunkt erschien es mir wichtig, wenigstens die wichtigsten Worte zu kennen, wenn es mit der Verständigung so gar nicht klappen sollte. Schlussendlich erschien es uns aber als bessere Idee, die jungen Afrikaner regelmäßig ins Haus einzuladen, sobald die Kinder eingeflogen waren.

Herzlich willkommen in Deutschland!

Sollte es wirklich wahr werden? Noch eine knappe Woche, dann würden Binia und Issiaka auf dem Flughafen in München landen und von dort mit uns nach Regensburg fahren. Vascos altes Kinderzimmer stand bereit, die kleinen Gäste zu beherbergen. An diesem Freitagnachmittag surrte wieder einmal das Faxgerät im Büro. Es war eine hilfreiche Anschaffung gewesen, die mir in den letzten Wochen viele Wege zum

Postamt erspart hatte. Als ich das noch warme Thermopapier aus dem Gerät zog und den Absender, nämlich *Sentinelles* aus der Schweiz, ausmachen konnte, dachte ich besorgt: »Was können sie nur wollen? Hoffentlich ist nichts schiefgegangen.« Glücklicherweise war es nur ein »Reminder«, also eine Erinnerung, die uns noch mal auf bestimmte Punkte hinwies, die vor der Ankunft der Kinder erledigt sein müssten. Gedanklich hakte ich Punkt für Punkt ab. Alles geschafft? Ja, alles war erledigt.

Plötzlich fühlte ich mich erschöpft und ausgelaugt. Wenn zwei Kinder zu uns nach Hause kommen, so bedeutete das auch doppelten Einsatz für mich. Obwohl meine Selbstzweifel nur von kurzer Dauer waren, wehrte ich mich nicht besonders heftig, als ein ebenfalls in unserem Verein aktives Ehepaar unerwartet anbot, als Gastfamilie für eines der beiden Kinder zu fungieren. Zunächst dachte ich, es wäre doch schön, wenn die beiden Kinder zusammenblieben und so wenigstens jemanden hätten, mit dem sie sich verständigen könnten. Allerdings hatte ich durch das Studium der medizinischen Unterlagen auch erkannt, dass Issiakas Genesung voraussichtlich viel länger dauern würde. Daher entschied ich mich für die Unterbringung in zwei Familien.

Nun endlich konnte ich letzte Hand ans neue, alte Kinderzimmer legen. Ich zog einen Karton aus dem Regal. Darin hatte ich all das gesammelt, was mir Schüler als Willkommensgaben in den letzten Wochen mitgegeben hatten. Darunter waren kleine Grußkarten, ein Teddybär und ein Plüschbiber. Die Schüler der Klasse 4 b einer Regensburger Grundschule hatten sogar einen kleinen Brief geschrieben. Darin stand:

»Hallo unbekanntes Kind aus Afrika,

Du bist herzlich willkommen hier in Deutschland.
  Wir freuen uns, dass Du hergekommen bist, und wünschen
Dir gute Besserung.

Deine Klasse 4 b«

KAPITEL 2

FAMILIENZUWACHS

Eine Schwangerschaft dauert neun Monate. Etwa genauso lange dauerte es, bis ich das Ziel meiner Hilfsaktion erreicht hatte. Jetzt wurde es ernst. Am Donnerstag, dem 23. März 1995 um 21:55 Uhr sollte die Maschine der Air France auf dem Flughafen München landen. An Bord zwei Noma-Kinder aus Niger. Ich hatte keine Zeit, aufgeregt zu sein. Die Tage vor der Ankunft waren randvoll mit verschiedenen Vorbereitungen. Nun muss ich zugeben, dass Geduld schon damals nicht meine Stärke war und dass ich auch heute noch am liebsten alles schnell erledigt sehen möchte. Aber ich musste schon vor der Ankunft der beiden Kinder in Deutschland lernen, dass es selten so kommt wie geplant. In Regensburg jedenfalls war alles gut vorbereitet, als die Kinder schließlich in München landeten.

Gestrandet in einer neuen Welt

Ich weiß noch genau, wie ungeduldig ich über die Absperrung zur Passkontrolle am Münchner Flughafen schaute, um einen ersten Blick auf die Kinder zu erhaschen. Ob meiner Körpergröße war das nicht so einfach und ich war froh, dass mein Mann Paul neben mir stand und mir immer wieder beruhigend seine Hand auf die Schulter legte. Endlich, es war kurz vor halb elf Uhr abends, gingen die Schiebetüren auf und eine junge Frau kam heraus: die Flugbegleiterin von *aviation sans frontiere*. Im Schlepptau hatte sie zwei Jungs, die sich vor Müdigkeit kaum noch auf den Beinen halten konnten. Knapp zehn Stunden Flug und ein langer Zwischenstopp in Paris gehen nicht spurlos an einem vorüber – und erst recht nicht an diesen Kleinen, die in einer ganz anderen Welt gestrandet waren.

Ja, genau dieses Wort ging mir durch den Kopf: gestrandet. Denn die beiden Jungs entsprachen vom ersten Eindruck her genau diesem Bild, das ich von Schiffbrüchigen hatte. In der Tat hatte ich mir damals keine Gedanken darüber gemacht, was ich eigentlich erwartet hatte. Die Kinder wirkten ordentlich, aber verstört. Beide trugen viel zu große Jacken, dafür hatten sie Schuhe an, die viel zu klein waren und beim Laufen offensichtlich schmerzten. Während Binia eine lange Hose trug (wahrscheinlich zum ersten Mal in seinem Leben), hatte Issiaka nur Shorts an und grüne Kniestrümpfe. Geduldig und ein wenig verschüchtert ertrugen sie die Begrüßungsrituale von uns Erwachsenen. Auch das obligatorische erste Gruppenfoto vor dem Gate ließen sie ohne Murren über sich ergehen. Froh und glücklich packten wir die Kinder in unsere Autos und fuhren zurück nach Regensburg. Es wurde eine stumme Heimfahrt. Binia schlief auf dem Rücksitz – und meinem Mann und mir war auch nicht nach Reden zumute. Mein Engagement der letzten Monate hatte seinen Höhepunkt erreicht: Die Kinder waren endlich da! Nun begann der praktische Teil.

Hier bleib ich für immer!

Binia saß in Regensburg auf unserem Sofa und sagte: »Hier ist es schön – hier bleibe ich!« So wie viele Eltern noch nach Jahren wissen, welche Worte zuerst aus dem Mund ihrer Kinder kamen, so habe auch ich mir diesen ersten Satz gemerkt, den Binia damals sagte. Er sprach Hausa und der Asylbewerber aus Afrika dolmetschte für uns. Ich war unheimlich dankbar, dass er uns half.

Hausa ist eine im westlichen Afrika weitverbreitete Sprache. Ich verstand nichts von dem, was Binia uns sagen wollte. Aber die Verständigung war trotzdem nie wirklich ein Problem. Binia und unser Sohn Vasco verstanden sich vom ersten Augenblick völlig ohne Worte, so wie Kinder das ja häufig tun – auch wenn Vasco schon älter war. Wenn gerade kein Dolmetscher in der Nähe war, kommunizierten wir mit Handzeichen und allgemeinen Gesten.

Binia hatte ohnehin in seinem neuen Zuhause unglaublich viel zu entdecken, sodass es ihm und uns nicht langweilig wurde. Er kannte zum Beispiel keine Treppen. Und auch Lichtschalter waren etwas vollkommen Neues für ihn. Stufe für Stufe erkundete er unser Haus. Wir wussten immer genau, wo er gerade war, denn jeder Lichtschalter auf seinem Weg musste gleich mehrmals an- und ausgeschaltet werden. Der Fernseher, der im Wohnzimmer stand, machte ihm erst einmal Angst. Er schaute nur kurz auf den flimmernden Bildschirm, dann stand er auf und guckte hinter den Apparat, um zu sehen, wo denn die Menschen hin verschwunden waren, die er gerade vorne noch gesehen hatte.

Ja, mit Binia war es immer lustig – nur das Lachen fiel ihm schwer. Aus den Unterlagen von *Sentinelles* wusste ich, dass Binia »eine ausgebrannte Noma« hatte. In der Konsequenz hatte sich eine komplette Kiefersperre entwickelt, was bedeutete, dass Binia die Zähne nicht auseinanderbrachte. Das hatte natürlich Folgen: für das Sprechen, für das Essen, für das Trinken – und für das Lachen. Seine Sprache war dementsprechend undeutlich und beim Trinken ging öfter mal was daneben.

Die Ernährung – so dachte ich – könnte ein ernsthaftes Problem sein. Immerhin unterscheidet sich die deutsche Küche schon arg von der afrikanischen. Doch dann entdeckte Binia seine Leidenschaft für Grillhähnchen, die man damals an jeder Ecke kaufen konnte. Ganze Generationen von Hendln – wie man Grillhähnchen in Bayern nennt – fielen Binia zum Opfer. Er konnte 24 Stunden am Tag essen. Nur konnte er eben nicht kauen, ja, er konnte nicht einmal abbeißen. Vielmehr zerfieselte er das zarte Hühnerfleisch und rieb es sich mit dem Zeigefinger durch die Zähne. Das dauerte Stunden. Wenn er fertig war, ging er gleich wieder zum Kühlschrank, um Nachschub zu holen.

Einerseits freute mich der gesunde Appetit, den Binia entwickelte, andererseits hatte ich Sorge, was passieren würde, wenn er sich verschluckte. Ich las in den Unterlagen von *Sentinelles* über die verschiedenen Phasen der Noma nach. Zuvor hatte ich das umfangreiche Informationsmaterial nur überflogen, jetzt nahm ich jede Einzelheit wahr.

Die Krankheit lässt sich in vier Phasen unterteilen. In der ersten Phase dringen Bakterien (man weiß bis heute nicht, welche das genau sind) in die Mund- und Nasenschleimhäute ein und vermehren sich dort. Das hat Entzündungen zur Folge. Dass sich überwiegend Kinder mit diesen Erregern infizieren, liegt wohl daran, dass ihr Immunsystem durch

Unter- und Mangelernährung oder Infektionskrankheiten wie Masern, Malaria, Röteln und Meningitis (Gehirnhautentzündung) geschwächt ist. So haben neue Erreger ein leichtes Spiel.

In der zweiten Phase entwickeln sich rote bis purpurne, verhärtete Knötchen in den befallenen Mundregionen. Die Entzündung breitet sich auf andere Weichteile wie Lippen und Wangen aus. Das betroffene Gewebe schwillt an, der Erkrankte leidet unter hohem Fieber, starken Schmerzen, Eiter und fauligem Mundgeruch.

In der dritten Phase der Krankheit verursacht die gestörte Blutversorgung das Ablösen des erkrankten Gewebes von den Gesichtsknochen. Der Knochen selbst löst sich in vielen Fällen auf. Über die nächsten zwei bis drei Tage ist im Gesicht eine schwarze Verfärbung sichtbar. Vor allem Kleinkinder verweigern bedingt durch die Schmerzen der Erkrankung die Nahrungsaufnahme. Viele verhungern. Aber selbst in diesem Stadium könnte Noma noch mit Antibiotika, besserer Nahrung und Vitaminen unter Kontrolle gebracht werden.

Nach etwa einer Woche stirbt das betroffene Gewebe ab und löst sich in der vierten und letzten Phase der Krankheit vom Gesicht. Heilungsversuche des Körpers, die offenen Wunden durch Narbenbildung wieder zu schließen, führt häufig zur Kiefersperre. Das Essen wird dadurch äußerst erschwert oder unmöglich und viele Kinder verhungern in dieser Phase. Sie können selbstständig nicht genügend Nahrung aufnehmen oder dürfen aufgrund ihrer Entstellungen mit anderen nicht an einem Tisch sitzen. Zudem sind Kiefersperren gefährlich, da die Kinder bei Erbrechen ersticken können. Nur operative Eingriffe können hier helfen. Selbst wenn keine äußeren Schäden sichtbar sind, lösen sich oft im

Inneren des Mundes Knochen auf und es kommt zu Muskelschäden.

Bei Binia war es nun offenbar so, dass die Noma zwar ausgebrochen war, doch durch die Gabe von Antibiotika gestoppt werden konnte. Allerdings blieben massive Schäden zurück, die in der bevorstehenden Operation behoben werden sollten.

Als Binia bei uns einzog, war er immer noch stark unterernährt. Arme und Beine waren spindeldürr, nur der Bauch war durch die Unterernährung aufgetrieben und kugelrund. Nach einigen Tagen auf »Grillhendl-Diät« ging das Wasser ab, wahrscheinlich durch die unerwartete Proteinzufuhr – und das ganze Ausmaß des jahrelangen Hungerns wurde deutlich. Für mich war das ein Schock, denn jetzt war Binia im wahrsten Sinn des Wortes nur noch Haut und Knochen.

Vorbereitung auf die OP

Die Operation von Binia war für den 7. April 1995 im Krankenhaus der Barmherzigen Brüder in Regensburg angesetzt. Es war noch gar nicht so lange her, als ich monatelang verschiedene Krankenhäuser kontaktiert und versucht hatte, für Binia und später auch für Issiaka ein kostenfreies Bett zu ergattern. Ich konnte es kaum glauben, dass es nun endlich so weit war.

Das Glück war auf unserer Seite, als es darum ging, einen Operationstermin für Binia festzulegen. Es war in den Osterferien, sodass ich und meine Familie auch die Zeit hatten, mit Binia im Krankenhaus zu sein. In den Wochen davor richtete ich meinen ganzen Enthusiasmus darauf aus, Binia aufzupäppeln. Regelmäßig fuhr ich mit ihm auch zu dem kleinen Issiaka – und wir brachten Brathähnchen mit. Binia hatte Angst, dass sein kleiner Gefährte nicht genug zu essen hätte. Die Gewissheit, dass in Deutschland niemand zu hungern braucht, konnte ich ihm damals nicht vermitteln.

Issiaka jedenfalls ging es ebenfalls gut. Anders als Binia hatte er zwar eine gestoppte Infektion, doch diese lag noch nicht so lange zurück. Schon vor seiner Abreise nach Deutschland hatte die Erkrankung ein tiefes Loch in die Mundschleimhaut und durch die Wange »gefressen«. Rückblickend ist es schon ein wenig skurril, wenn ich an die beiden Buben denke: Binia, der sich das Essen durch die Zähne reiben musste, und Issiaka, der sich durch ebendieses Loch in der Wange das Essen in den Mund schob. Wie grausam kann eine Krankheit sein, die solche Konsequenzen hat?

Am 5. April brachten wir Binia für eine Voruntersuchung ins Krankenhaus. Dort wurde unter anderem eine CT-Aufnahme des Schädels gemacht, um schon im Vorfeld dem Chirurgen Dr. Lachner ein möglichst genaues Bild von den Gegebenheiten zu vermitteln. Die Ergebnisse zeigten, dass die Noma-Erkrankung, die bei Binia schon schätzungsweise fünf Jahre zurücklag, verheerenden Schaden angerichtet hatte. Andererseits gab es gute Chancen, diese Schäden zu beheben – und zwar, ohne dass auf künstliche Implantate (beispielsweise Knochenmaterial) zurückgegriffen werden musste. Allerdings stellte man auch fest, dass Binias Nasennebenhöhlen-System durch die Infektion geschädigt war. Eine dauerhafte Entzündung hatte in diesem Bereich die Schleimhäute stark beschädigt. Auf die OP hatte das aber keine Auswirkungen.

Am 7. April war dann Binias großer Tag. In einer mehrstündigen Operation öffneten Dr. Lachner und sein Team die rechte Wange, lösten die Kiefersperre, sanierten die gesamte

Gesichtshälfte vom Jochbein abwärts und rekonstruierten die Mundschleimhaut. Dass dabei eine relativ große Narbe zurückbleiben würde, war angesichts des Resultats kaum der Rede wert. »Narben«, so sagte Binia einmal, »gehören in Niger doch dazu.« Wenn er so etwas sagt, dann zeigt er zumeist auf seine kleine Stammesnarbe unter dem rechten Auge. Die hat ihm seine Großmutter nur wenige Wochen nach der Geburt gemacht als Zeichen seiner Stammeszugehörigkeit. Dass die eine Narbe mit einer Rasierklinge und die größere mit einem Skalpell entstanden ist, spielte für ihn dabei kaum eine Rolle.

Geburtstag: 7. April 1995

Binias Geburtsdatum ist laut Pass der 1. Januar 1987. Allerdings stimmt hier vielleicht nur die Jahreszahl. Fakt ist, dass der überwiegende Teil der Bevölkerung in Niger und auch in anderen afrikanischen Ländern am 1. Januar Geburtstag hat. Wenn nämlich – was ohnehin selten ist – ein Pass beantragt wird, braucht man eine Geburtsurkunde. Die gibt es nur, wenn die Geburt registriert wurde, was aber nur ganz selten der Fall ist. Binias Vater beispielsweise hatte damals vor der Ausreise seines Sohnes nach Deutschland nur noch eine vage Vorstellung davon, wann sein Sohn geboren worden war – Zeit hat in Afrika einfach einen anderen Stellenwert als bei uns. In diesem Fall wird nach Inaugenscheinnahme ein Geburtsjahr festgelegt. Der Tag der Geburt ist dann immer der 1. Januar eines Jahres.

Nach den zahlreichen medizinischen Untersuchungen in Deutschland wurde an Binias Geburtsjahr nichts geändert.

Er war etwa acht Jahre alt, als er nach Regensburg kam. Genaueres werden wir wohl auch nie erfahren. Seinen Geburtstag feiert Binia allerdings immer am 7. April. Und das nicht nur symbolisch. Fragt man ihn, wann er geboren wurde, dann antwortet er ganz automatisch: »Am 7. April 1995.« Das hat er für sich selbst so festgelegt.

Es rührt mich, dass er seine Operation als Neugeburt empfindet. Es zeigt einem noch ein bisschen mehr, wie sehr er unter seiner Krankheit gelitten haben muss, die er so tapfer ertragen hat.

Die Zeit nach der Operation war die »Menschwerdung des Binia Sani«. Das klingt pathetisch und diese Wortwahl stammt aus der Schlagzeile der örtlichen Presse, die einmal über Binias Geschichte berichtete. Ich würde es mehr als »Wandlung« beschreiben: Sein erstes Lächeln, noch unter den Schmerzen der frischen OP-Narbe, werde ich nie vergessen. Lachen und Weinen waren zwei Emotionen, die Binia in seinem jungen Leben viel zu lange nicht zeigen konnte. Jetzt aber brach es aus ihm heraus. Er wurde zu einem anderen, zu einem neuen Menschen.

Binias Leben in Niger

Während seiner Genesung hatte ich Zeit, mich etwas näher mit der Geschichte von Binia zu beschäftigen. Ich wollte wissen, woher der kleine Junge kam, der mir gerade so ans Herz wuchs. Ich kramte alle möglichen Papiere und Dokumente heraus, die mir *Sentinelles* im Vorfeld zu unserer OP-Aktion in Regensburg zur Verfügung gestellt hatte. Jetzt las ich sie mit anderen Augen und einem neuen Verständnis.

Binias bisheriges Leben passte auf zwei eng beschriebene DIN-A4-Blätter. Die Mitarbeiter der Schweizer Stiftung *Sentinelles* fanden Binia im Busch, wo der Siebenjährige völlig auf sich allein gestellt von Dorf zu Dorf zog, um sich bei passender Gelegenheit aus fremden Töpfen zu bedienen. Wurde er dabei erwischt, jagten ihn die Menschen weg wie einen räudigen Hund. Allein seiner Geschicklichkeit und seinem Überlebenswillen war es zu verdanken, dass er nicht schon längst verhungert war.

Als *Sentinelles* Binia aufnahm, war er in einem elendigen Zustand. Man recherchierte und fand heraus, aus welchem Dorf Binia kam und wer sein Vater war. Aus den Gesprächen mit Dorfbewohnern und Familienangehörigen ergab sich Binias tragische Lebensgeschichte.

Binias Mutter Hadissa war sehr jung, als sie verheiratet wurde. In Niger ist es durchaus üblich, dass man früh heiratet. Schon bald wurde Binia geboren. Die kleine Familie wohnte in Gomba Saboua in einer einfachen Strohhütte. Sie waren bitterarm und der Vater schlug sich mit Gelegenheitsarbeiten durch. Die Mutter kochte am offenen Feuer vor der Hütte, die Notdurft wurde hinter der Hütte in einem Erdloch verrichtet. Als Binia anderthalb Jahre alt war, kam es zum Streit zwischen den Eltern und der Vater ließ seine Frau gehen. Hadissa zog in ein anderes Dorf, fand einen neuen Mann und ließ Binia bei seinem Vater zurück. Das ist selbst in Niger ungewöhnlich, da die Kinder die ersten sieben Lebensjahre normalerweise bei der Mutter verbringen – auch im Falle einer Scheidung.

Der Vater konnte sich nicht allein um seinen Sohn kümmern und brachte Binia so bei seinem Bruder unter. Während Sani, der Vater, zum Arbeiten ins benachbarte Nigeria ging, blieb Binia in Gomba Saboua zurück.

Der Onkel hatte selbst vier Kinder durchzufüttern und seine Frau war wenig erfreut über den unerwünschten Familienzuwachs. Binia wurde vernachlässigt und bekam zu wenig zu essen. Derart geschwächt musste er sich mit den Noma-Erregern angesteckt haben. Er war schätzungsweise drei oder vier Jahre alt, als die Krankheit ausbrach. Er hatte wochenlang hohes Fieber und all die schamanische Heilkunst brachte keine Linderung. Sein Onkel fuhr mit ihm schließlich ins nächstgelegene Krankenhaus. Dort erkannte man eine Mundinfektion und verabreichte Antibiotika. Binia blieb vier Wochen im Krankenhaus.

Danach war die Noma-Erkrankung zwar gestoppt, doch als Folge davon konnte Binia seine Zähne nicht mehr auseinanderbringen. Die Kiefersperre hatte fatale Folgen für Binia. Zwar war er von der Krankheit »geheilt«, aber es war ihm jetzt unmöglich, »normal« zu essen. Zurück in seinem Dorf wurde er zum Gespött der anderen Kinder, die sich gern über ihn lustig machten. Von der Familie seines Onkels, der auch nicht immer zu Hause war, wurde Binia ignoriert. Er bekam nichts zu essen und wurde oft ausgeschimpft. Binia musste sich – so klein er auch war – selbst darum kümmern, wenigstens ab und an etwas Nahrung zu organisieren. Er suchte die Nähe von anderen Kindern, in der Hoffnung dort etwas zu ergattern.

Das gelang ihm auch ab und zu, allerdings auf traurige Weise. So luden die Kinder ihn beispielsweise ein, ihr Essen mit ihm zu teilen – und lachten dann, wenn er vorm vollen Teller saß und nichts davon in den Mund bekam. Besonders grausam war es, wenn sie ihm ein Stück Zuckerrohr vor die Nase hielten und er auch dies nicht lutschen konnte. Irgendwann hatte Binia diese Demütigungen satt und lief von zu Hause weg.

Aus Binia wurde ein »Buschlaufkind«. So nennt man die Kinder, die von zu Hause weglaufen und von Buschdorf zu Buschdorf wandern, immer auf der Suche nach Wasser und Nahrung. Über einige Jahre hatte Binia sich so allein durchgeschlagen, bis durch Zufall die Mitarbeiter von *Sentinelles* auf ihn aufmerksam wurden. Sie nahmen ihn mit in ihr Zentrum in Zinder. Dort lebte Binia einige Monate, bis er zur Operation nach Regensburg ausgeflogen wurde.

Back to business

Die Osterferien waren fast zu Ende und mit dem Schulbeginn bekam unsere Hilfsaktion wieder neuen Schwung. Binia war nun fast schon einen Monat in Regensburg. Seine Wunden verheilten gut und er fühlte sich von Tag zu Tag wohler. Das merkten wir unter anderem dadurch, dass seine Streifzüge durch unser Haus immer ausgiebiger und eigenständiger wurden. Einmal beispielsweise verschwand er für gefühlte Stunden ins Badezimmer und kam in voller »Kriegsbemalung« wieder heraus. Er hatte meine Schminkutensilien entdeckt und experimentierfreudig eingesetzt. Mein teurer Lippenstift war ruiniert, doch Binia konnte ich einfach nicht böse sein. Die Freude stand ihm ins Gesicht geschrieben. Und das war vielleicht der erste Augenblick, in dem mir der Gedanke kam: »Das ist ein geschenktes Lächeln.« Noch vor wenigen Wochen wäre es unmöglich gewesen, jetzt aber überzog ein breites Grinsen Binias Gesicht.

Die heiteren Momente gaben mir Kraft, die Arbeit für die Hilfsaktion mit noch mehr Enthusiasmus voranzutreiben. Zwar hatten wir die erste Etappe gut gemeistert, doch von

Entspannung konnte keine Rede sein. Ständig war ich auf der Suche: auf der Suche nach Kontakten, auf der Suche nach Lösungen, auf der Suche nach neuen Wegen.

Kontakte brauchte ich beispielsweise, um herauszufinden, ob meine Idee für Operationskampagnen überhaupt realistisch war. Lösungen brauchte ich auch für die Gestaltung einer sicheren Zukunft für Binia, wenn er nach Niger zurückkehren musste.

Dabei war Briefeschreiben ein probates Mittel, diesen zunächst gebremsten Aktivismus in sinnvolle Bahnen zu lenken. Während es in der ersten Hälfte der Hilfsaktion darum ging, die Operationen für die beiden Kinder zu organisieren und das notwendige Geld für ihre Einreise und Betreuung zu akquirieren, stand ich zumindest in Bezug auf Binia zu diesem Zeitpunkt noch vor ganz neuen Herausforderungen. Da Issiakas Heilung nicht so schnell vonstatten ging wie geplant, drifteten die Zeitpläne für eine Rückkehr der Kinder nach Niger auseinander. Während die Aufenthaltsgenehmigung für den kleinen Issiaka aus medizinischen Gründen problemlos verlängert werden konnte, brauchte es in Bezug auf Binia schon etwas mehr Überzeugungsarbeit. Doch ich war mittlerweile fest entschlossen, ihn höchstpersönlich zurück nach Niger zu begleiten und mich vor Ort davon zu überzeugen, dass es ihm in Zukunft gut gehen würde.

Für all meine Pläne brauchte der Verein *Hilfsaktion Noma e. V.* vor allen Dingen eins: Geldgeber. Mit der Spendendose allein war es leider nicht mehr getan. Ich aktivierte meinen Kontakt zu *Sternstunden e. V.*, dem Kinderhilfswerk des Bayerischen Rundfunks. Ich schrieb Günther Jauch und wendete mich an *stern TV*. Ich verfasste Schreiben an die *UNESCO* und an *terres des hommes*. Auch die *SOS-Kinderdörfer* erschienen mir eine gute Adresse, um mich in der Arbeit der *Hilfsaktion Noma e. V.* zu unterstützen.

Ich wollte das Beste für die Kinder – und um ehrlich zu sein, ich wollte auch das Beste für Binia. Der Junge war mir ans Herz gewachsen. Irgendeine Organisation in Niger musste ihn doch bei sich aufnehmen!

Eine Reise nach Lausanne

Zu meinen intensivsten Kontakten gehörte damals die Stiftung *Sentinelles* mit Sitz in Lausanne. Im Frühsommer 1995 schlug ich ein persönliches Treffen vor, um Edmond Kaiser kennenzulernen. Mein Mann Paul und ich fuhren in die Schweiz. Das Haus, in dem Edmond Kaiser wohnte, lag hoch über dem Genfer See in der Nähe von Lausanne. Auf dem großen Grundstück standen unzählige alte Bäume und die Aussicht auf die Berge raubte mir den Atem. Im Haus sah es allerdings nach Arbeit aus: Überall standen Kisten und Kartons, fertig für den Versand in die Dritte Welt. Wir setzten uns an einen Tisch in den Garten, um miteinander über unsere Arbeit zu reden.

Edmond Kaiser war eine Legende und seine humanitäre Arbeit war mit Orten höchster Not verknüpft, beispielsweise Biafra und Saigon. In den 1960er-Jahren war Biafra (eine Republik, die heute zu Nigeria gehört) das Sinnbild für den Hunger auf der Welt. Fotos von Kindern mit dem typischen »Hungerbauch« machten auf den Exodus im damals so fernen Afrika aufmerksam. Saigon wiederum war eng mit dem Vietnam-Krieg verknüpft, in dem auch die USA involviert waren. Hier waren es wieder die Kinder, die am meisten darunter litten.

Edmond Kaiser, der (körperlich) kleine Mann mit den großen Visionen hatte sein Engagement mit der Gründung von *terres des hommes* begonnen und nach seinem Ausscheiden dort 1979 *Sentinelles* gegründet. Ohne Zweifel waren seine Leistungen beeindruckend. Doch seine Methoden waren nicht die meinen. Klar, ich wollte helfen und stellte meine eigenen Bedürfnisse dafür für eine gewisse Zeit auch gerne zurück. Aber ganz aufgeben wollte und konnte ich mich dafür nicht. Mein Atem, so dachte ich damals, wird nie so lang sein wie der von Kaiser. Der Mann, der für Menschenrechte und Kindeswohl in den Hungerstreik getreten war, nötigte mir Respekt ab. Ich wollte seine Arbeit unterstützen, war aber nicht selbstlos genug, dafür mein eigenes Privat- und Berufsleben zu opfern. Kaiser fand deutliche Worte für das, was in unserem Arbeitsverhältnis nicht stimmte. Das war ohnehin seine stärkste Waffe: klare Worte für unklare Verhältnisse.

Damals sagte ich zu ihm: »Wir wollen mit der *Hilfsaktion Noma e. V.* doch nur ihre Arbeit unterstützen. Wir wollen keine Missverständnisse und wir wollen vor allem eins nicht – Ihnen Konkurrenz machen.« Kaiser, damals etwa 80 Jahre alt, machte eine abwehrende Handbewegung und erwiderte: »Machen Sie es selbst. Gehen Sie, gehen Sie und machen Sie mir ›Konkurrenz‹!« *Sentinelles* sei in Zinder tätig, wir könnten uns auf Tahoua konzentrieren. Der Niger sei groß genug für uns beide, meinte er, und so würden wir uns nicht ins Gehege kommen. Schließlich zögen wir doch beide an einem Strang – jeder nur ein klein wenig anders.

Nur wenige Tage später schickte mir *Sentinelles* die Zusammenfassung unseres Arbeitstreffens. Das Protokoll habe ich heute noch. Damals beschlich mich – bei aller Euphorie – der Gedanke: »Worauf hab' ich mich da bloß eingelassen?«

Freischwimmer

Ich kann mich noch gut daran erinnern, wie man in meiner Jugend den Kindern das Schwimmen beibrachte: einfach ein beherzter Sprung ins Wasser und dann bloß nicht untergehen. Nach meiner Lausanne-Reise habe ich mich ähnlich gefühlt: Der Sprung ins kühle Nass ist noch erfrischend, aber dann muss man als Nichtschwimmer ganz schön rudern, um ans sichere Ufer zu gelangen.

Zurück aus Lausanne lag da ein Brief vom *SOS-Kinderdorf* in Niamey. Darin stand, dass sie Binia nicht aufnehmen würden, da sie prinzipiell keine Kinder mit infektiösen Erkrankungen ins Kinderdorf ließen. Was für ein Rückschlag! Ich war traurig und wütend zugleich. So viel Unwissenheit über eine Krankheit und deren Konsequenzen machte mich rasend. Dass es in Deutschland nur wenige Menschen gab, die mit der Krankheit etwas anzufangen wussten, hatte ich schon zur Genüge erlebt. Aber vor Ort, in Niamey, in Niger, dachte ich, müsste man doch informierter sein. Die Ahnungslosigkeit schien keine Grenzen zu kennen.

Was ich in meiner Enttäuschung darüber vollkommen vergaß, war die Tatsache, dass auch ich schlussendlich völlig ahnungslos war. Es war der Juli 1995 und ich, eine Grundschullehrerin aus Regensburg, war bereit für die große Reise. Ich wollte nach Afrika, ich wollte nach Niger – und ich hatte keine Ahnung, was mich dort erwarten würde.

Nun gut, das stimmt jetzt nicht so ganz: Meine Vorstellung war eine Mischung aus den Geschichten über Albert Schweitzer und Bernhard Grzimek. Mit meiner Familie war ich bislang nur nach Italien gereist – mit dem Auto. Zudem darf man auch nicht vergessen, dass Mitte der 1990er-Jahre eine Reiseplanung übers Internet noch eine ferne Zukunftsvision war. Und da ging es schon los mit dem Rudern: Woher kriege ich einen Flug? Brauchen wir ein Visum? In welchem Hotel kann man unterkommen? Wie sieht die Infrastruktur aus? Wie komme ich von A nach B? Kann man Autos mieten? Und wo – bitte schön – liegt eigentlich Tahoua? Und an wen wende ich mich dort? Die Liste der offenen Fragen wurde von Tag zu Tag länger.

Trotz aller Widerstände kam mir nie der Gedanke aufzugeben. Ich wollte für Binia ein normales Leben – und das ließ sich, so meine innere Überzeugung, nur dadurch bewerkstelligen, dass ich ihn persönlich zurück in seine Heimat brachte. Am 21. August sollte es losgehen. Für Binia würde es ein One-Way-Ticket in sein neues Leben sein. Für Paul und mich würde es ein Abenteuer werden, das vieles, was in unserem Leben schlicht und einfach war, infrage stellte.

Besuch einer alten Freundin

Immer dann, wenn ich nicht so recht weiter weiß, werde ich besonders kommunikativ. An diesem Nachmittag im Juli 1995 war es nicht anders. Sieglinde, eine Schulfreundin aus Kindertagen, hatte ihren Besuch angekündigt. Wir hatten uns schon ewig nicht gesehen und der Gesprächsstoff ging uns nicht aus. Natürlich sprachen wir auch über die geplante Reise und zum ersten Mal seit Langem konnte ich jemandem mein Herz ausschütten. Gewiss wusste ich, dass ich den kleinen Binia schon lange in mein Herz geschlossen hatte. Die Aussicht, ihn bald loslassen zu müssen, machte mich traurig. Daher tat es gut, meine Zweifel einmal auszusprechen.

»Wie soll ich das nur alles hinkriegen, ich, die ich noch nie weiter südlich als Italien war?«

Meine Freundin lachte. »Dann frag doch mal Wilfried, meinen Bruder. Vielleicht kann er dir helfen. Soviel ich weiß, hat er einen Freund in der Entwicklungshilfe.«

Kennen Sie diese alte Volksweisheit: »Und wenn du denkst, es geht nicht mehr, kommt irgendwo ein Lichtlein her.« In diesem Augenblick reichte mir meine Freundin Sieglinde die Lampe.

Ich rief Wilfried an und erzählte ihm meine Geschichte. »Kannst du mir helfen?«, fragte ich ganz unverblümt.

»Ich denke schon«, sagte er – und das war die Untertreibung des Jahres. Sein bester Freund war nämlich Bundesminister Carl-Dieter Spranger, zuständig für wirtschaftliche Zusammenarbeit und Entwicklungshilfe.

Am Freitag vor unserem Abflug, als ich schon kaum mehr damit gerechnet hatte, kam Post vom Minister für Entwicklungshilfe. Carte blanche sozusagen für unsere Reise nach Niger. Es war wie ein Wunder! Auf feinstem Büttenpapier und mit aufgedrucktem Bundesadler sagte uns Carl-Dieter Spranger jede nur erdenkliche Unterstützung zu. Er hatte sogar die Deutsche Botschaft in Niamey gebeten, uns höchstpersönlich in Empfang zu nehmen. Zudem hatte er arrangiert, dass uns die GTZ, die Gesellschaft für Technische Zusammenarbeit, die für die Bundesregierung Entwicklungshilfeprojekte umsetzte, zur Lösung aller logistischen Probleme zur Seite gestellt wurde.

Ich hätte am liebsten die ganze Welt umarmt. Ich war erleichtert und endlich wieder voller Vorfreude auf unsere große Reise.

In meinen Koffer packe ich …

Zeitlich waren die Vorbereitungen für unsere Nigerreise ziemlich knapp bemessen. Am 18. August kam der Brief des Ministers und am 21. August ging unser Flug. Binia hatte all seine Habseligkeiten in einen kleinen Koffer gepackt. Er war voller Vertrauen in uns, dass wir schon das Richtige tun. Zumindest schien es so.

Für seinen Vater Sani hatte er ein kleines Messer besorgt – damals durfte man solch gefährliche Gegenstände noch mit an Bord eines Flugzeugs nehmen. Auch für Hadissa, seine Mutter, hatte er ein kleines Geschenk eingepackt. Er hatte sie zwar jahrelang nicht gesehen, aber wir wollten sie in ihrem Dorf besuchen und ihr den frisch operierten Binia vorstellen.

Ich versuchte noch auf die Schnelle, mein eingerostetes Schulfranzösisch aufzupolieren. Völlig umsonst, wie sich wenig später in Niger herausstellen sollte. Denn zwischen meinen hölzernen Sprachkenntnissen und der beschwingten Sprechweise der frankophonen Nigrer war ein himmelweiter Unterschied. Ich war buchstäblich sprachlos in Afrika. Schlimmer konnte es kaum kommen. Oder vielleicht doch?

Nun, zumindest mein Koffer war schnell gepackt. Weite, luftige Kleidung, festes Schuhwerk und Mückenschutzmittel – das musste genügen. Außerdem musste noch der familieneigene Kassettenrecorder mit. Im Vorfeld der Reiseplanung hatte ich nämlich von einem bekannten Imam, der sowohl Arabisch als auch Hausa sprach, noch eine Botschaft aufnehmen lassen. Darin erklärte er für Sani und Hadissa (und alle, die es sonst noch hören wollten) genau, was Binia in Deutschland gemacht und erlebt hatte. Auch sprach der Imam auf Band, was wir, Paul und ich, den Eltern noch zu sagen hatten.

Mir wurde schon ein wenig wehmütig ums Herz, als ich die Texte dafür in Deutsch niederschrieb. War ich wirklich bereit, MEINEN Binia in Niger zu lassen? Ja, ich gebe zu, der Gedanke, Binia in Afrika zurückzulassen, zerriss mir das Herz. Doch nach außen ließ ich es mir nicht anmerken, selbst wenn der Trennungsschmerz schon enorm an mir nagte. Herz gegen Verstand – die Vernunft hat gesiegt.

Nun bin ich mir nicht sicher, ob ich meine Beziehung zu Binia richtig beschrieben habe. Ich muss dazu erklären, dass ich nach außen hin kein besonders emotionaler Mensch bin. Ich mag es beispielsweise nicht, afrikanische Kleinkinder auf den Schoß zu nehmen und zu herzen, wie andere das tun. Heute weiß ich, dass ich damals im Umgang mit Binia alles richtig gemacht habe, denn afrikanische Eltern sind nicht so wie wir hier in Europa. Der Austausch von Zärtlichkeiten findet beispielsweise nicht in der Öffentlichkeit statt. Damals wusste ich darüber fast nichts, für mich stand im Mittelpunkt, dass Binia, der ja aus unsicheren Verhältnissen kam, eine sichere Zuflucht finden sollte.

Eine Reise nach Niger

Abenteuer Afrika! Am 21. August flogen Paul, Binia und ich nach Niger. Der Flug über Paris nach Niamey war anstrengend, aber je näher wir Afrika kamen, desto nervöser wurde Binia. In Deutschland war er innerhalb von vier Monaten zu einem aufgeweckten, neugierigen und vor allem selbstbewussten Jungen geworden. Jetzt, beim Landeanflug auf Niamey, rutschte er immer tiefer in seinen Sitz.

An meiner Hand kletterte er schließlich aus dem Flugzeug. Die warme Luft, die uns entgegenschlug, umhüllte uns wie ein warmer Mantel. Auf dem Flughafen von Niamey ging es damals noch ein bisschen anders zu als bei uns in Deutschland. Gleich am Ende der Fluggasttreppe wartete ein kleines Empfangskomitee auf uns. Da waren zum einen ein Mitarbeiter der Deutschen Botschaft und dessen Fahrer sowie ein Vertreter der katholischen Mission in Niamey – zum anderen begrüßte uns eine Mitarbeiterin von *Sentinelles* in Zinder, die Binia sogleich mitnehmen wollte. Sie hieß Mariama und war eine sehr resolute Frau.

Es kam mir ein bisschen vor wie der kaukasische Kreidekreis. Zwei Frauen stritten sich um ein Kind. Binia klammerte sich an mich und war um keinen Preis der Welt bereit, mich loszulassen. Er weinte und tobte mitten auf dem Rollfeld. Der Mitarbeiter der Deutschen Botschaft sprach beschwichtigend auf Mariama ein und erreichte zumindest, dass wir die Diskussion ins Innere des Flughafengebäudes verlagern konnten. Dort in Ruhe und unter dem wohltuenden Einfluss der Klimaanlage kühlten die Gemüter ab und wir fanden eine gütliche Lösung. Ich gab mein Ehrenwort, dass wir Binia innerhalb einer Woche nach Zinder ins *Sen-*

tinelles-Zentrum bringen würden. Denn, so hatte Edmond Kaiser einmal gesagt: »Durch die Tür, durch die du nach draußen gekommen bist, kehrst du auch wieder zurück.« Willkommen in der Wirklichkeit!

Hotel Sahel – irgendwo in Afrika

Die Deutsche Botschaft hatte Zimmer im »Hotel Sahel« reserviert. Mitten in der Hauptstadt Niamey war das eine Oase der Ruhe und Entspannung. Auf einer ausgedehnten Grünfläche standen prächtige Palmen umgeben von einer üppigen, exotischen Vegetation. Das Hotel lag in der Nähe des Flusses Niger, der dem Staat seinen Namen gab. Ich kam mir ein bisschen vor wie in *Casablanca* – doch ich war zu müde, um diesen Gedanken weiter zu verfolgen.

Der nächste Tag begann früh. Schon um acht Uhr hatten Paul und ich unseren ersten Termin im Planungsministerium, danach ging's gleich weiter zum Gesundheitsministerium. Es lief immer gleich ab: Die *Hilfsaktion Noma e. V.* vorstellen und Hilfsbedarf eruieren. Auch mussten wir eine Arbeitserlaubnis beantragen – und bekamen diese prompt als vorläufige Legitimation mit auf den Weg.

Zum Mittagessen waren wir in der Deutschen Botschaft und besprachen zwischen Suppe und Dessert unseren Reiseplan für die kommenden zwei Wochen. Daraus ergab sich eine kleine To-do-Liste für die Botschaftsmitarbeiter: Transportmittel finden, Kontaktaufnahme mit dem Krankenhaus in Galmi und den Ärzten in Tahoua. Weil mir natürlich Binias Zukunft am Herzen lag, nahmen wir in der Liste ebenfalls den Punkt auf, eine Internatsschule in Zinder zu finden.

Am Nachmittag gab es noch mal die gleiche Vorstellungs-
runde bei der Caritas in Niamey. Diesmal ging es auch um die
Nachbetreuung operierter Noma-Kinder in Niamey, Zinder
und Tahoua. Mir schwirrte der Kopf, als wir endlich zurück
ins Hotel fuhren, nur um dort eine weitere Gesprächsrunde
während des Abendessens zu absolvieren.

Binia vertrieb sich derweil die Zeit im Hotel. Sein Lieb-
lingsort: der Swimmingpool. Schwimmbäder kannte er aus
Deutschland und obwohl er noch nicht schwimmen konnte,
planschte er lustig mit allerlei Schwimmhilfen aus Kork im
Wasser herum. Er war ausgelassen und fröhlich.

Auch Tag drei unseres Aufenthalts in Niger war randvoll
mit Vorstellungsrunden bei verschiedensten Organisationen
und Behörden. Als dann am Nachmittag die Zusage der GTZ
kam, dass man uns ein Fahrzeug samt Fahrer für eine »kleine« Rundreise durch Niger zur Verfügung stellen würde, war
alles perfekt.

Im Laufe des Nachmittags wurde Binia immer stiller. Hektisch durchsuchte er am Abend zum x-ten Mal seinen kleinen
Koffer.

»Was suchst du denn?«, fragte ich ihn schließlich.

»Meine Sachen«, sagte er.

»Welche Sachen meinst du?«, versuchte ich herauszufinden.

»Na, meine Sachen halt. Die, die ich anhatte, als ich nach
Regensburg kam.«

»Ach die, die habe ich doch weggeworfen. Das waren doch
nur Lum...« Das Wort blieb mir im Hals stecken. Über Binias
Wangen kullerten dicke Tränen.

»Ich brauch' die, ich brauch' die ...«, stammelte Binia – nur
um dann endgültig in Tränen auszubrechen. Binia hatte in

den vergangenen fünf Monaten in Regensburg erstaunlich gut Deutsch gelernt. Ich verstand nicht so recht, warum es ihm plötzlich so wichtig war, diese Kleider zu finden. Doch Binia war untröstlich über den Verlust. In dieser Nacht weinte er sich in den Schlaf.

Eine Landpartie

Am Donnerstag, dem 24. August, stand unserer Fahrer von der GTZ pünktlich um 8 Uhr vor dem Hotel. Rasch waren alle Taschen und Koffer verpackt. »Schnell, schnell ...«, rief der Fahrer und drängte uns so zur Eile. 548 Kilometer von Niamey nach Tahoua sind in Afrika eine halbe Weltreise, vor allem da eine Ankunft vor Sonnenuntergang (um 18 Uhr) aus Sicherheitsgründen obligat ist.

Binia fühlte sich hier sichtlich unwohl in seinen deutschen Kleidern. Nur gut, dass unser Fahrer auch Hausa sprach und immer wieder versuchte, Binia ein Lächeln zu entlocken. Auch gut war, dass der Fahrer neben Hausa und Französisch ein paar Brocken Englisch konnte. Paul und ich waren erleichtert.

Unterwegs waren zwei Stopps geplant. Die öffentliche Krankenstation in Dogondoutchi erreichten wir am späten Vormittag. Albert Schweitzer lässt grüßen. Der Direktor der Station nahm sich Zeit für ein kurzes Gespräch. Ja, Noma gäbe es hier viel, erklärte er lapidar. Aber das sei nur eines der Probleme, mit denen man hier zu kämpfen hätte. »Die Unterernährung, der Hunger«, erklärte uns Dr. Miye, »das ist das Hauptproblem und der Grund allen Übels.« Eine Behandlung von an Noma erkrankten Kindern kam hier nicht infrage.

Gegen Mittag forderte Binia eine Rast ein. »Ich habe Hunger!«, erklärte er fast ein bisschen trotzig. Während Paul und ich uns auf eine Bank am Straßenrand in den Schatten setzten, ging Binia mit dem Fahrer »einkaufen«. Die Garküchen am Straßenrand waren Paul und mir suspekt. Frauen in bunten Gewändern rührten eifrig in großen Töpfen, nebenan wurde Fisch über offenem Feuer gegrillt.

Binia kam mit einem dampfenden Teller zu uns herüber. Er aß genüsslich. Binnen Minuten waren er und wir von 30 bis 40 Straßenkindern umringt. Sie waren schmutzig und zornig, einige ballten die kleinen Fäuste und alle schrien uns an. Binia ließ seinen Teller stehen und flüchtete ins Auto. Der Fahrer sah unsere Hilflosigkeit und übersetzte: »Sie haben Binia beschimpft, weil er hier in schönen Klamotten sitzt und isst. Sie haben gesagt, er soll abhauen, dorthin gehen, wo er herkommt.« Dann fügte er noch hinzu: »Sie haben Hunger.« Paul und ich verständigten uns nur mit einem Blick. Wir gingen zur nächstgelegenen Garküche und kauften Fisch, Reis und Sauce für die Straßenkinder. Wortlos stiegen wir anschließend ins Auto und fuhren davon.

Jetzt wusste ich, warum Binia am Abend zuvor so bitterlich geweint hatte. Bevor er nach Deutschland kam, war er eines dieser Straßenkinder, die um Essen gebettelt hatten. Aber gleichzeitig gehörte er doch nicht zu ihnen, weil er durch seine Noma ausgegrenzt worden war. Nach der Operation und zurück in Afrika war er wieder ein Außenseiter, allein seine Kleidung machte ihn dazu. Von seinen Erfahrungen, die er in Deutschland gemacht hatte, ganz zu schweigen. In diesem Moment bekam ich eine Ahnung davon, dass Binia zwar geheilt war, aber für immer ein Außenseiter im eigenen Land sein würde. Diese Erkenntnis traf mich hart und ließ mich ratlos zurück.

Am Nachmittag machten wir einen weiteren Stopp am Missionskrankenhaus in Galmi. Es wird bis zum heutigen Tag von amerikanischen Evangelisten betrieben. Die Mitarbeiter sind sehr bibelfest und arbeiten »kosteneffizient«. Die Patienten müssen für die medizinischen Leistungen zahlen, dennoch sei die Klinik voll ausgelastet, erklärten uns die Ärzte. In der Tat waren die Operationssäle neu und gut ausgestattet, in den Krankenzimmern hingegen herrschte bedrängende Enge. Unser Ansinnen, in dieser Klinik Noma-Kinder von europäischen Ärzten operieren zu lassen, verursachte bei unseren Gegenübern Stirnrunzeln. »Nun, wenn Sie uns garantieren können, dass alle Ärzte praktizierende Christen sind – warum nicht?«, erklärte uns einer der Mitarbeiter auf Englisch. Das trieb meinem Mann die Zornesröte ins Gesicht.

Ich hielt meinen Mann zurück und fragte in meinem schönsten Englisch neugierig nach: »Aber Ihre Patienten sind schon Muslime – oder?« Darauf erklärte man mir ganz ernsthaft, dass die Missionierung durchaus auch in ihrem Interesse läge. Paul und ich verabschiedeten uns höflich. Eine medizinische Behandlung im Austausch gegen den Glauben – das kam für uns nicht infrage. Solche Missionierungspraktiken wollten wir nicht unterstützen, denn unsere Hilfe ist humanitär und medizinisch – und keine Glaubensvermittlung. Wir fuhren weiter nach Tahoua.

Kurz vor 17 Uhr erreichten wir dort das Bezirkskrankenhaus. Dr. Leiner, ein deutscher Arzt, begrüßte uns herzlich. Leider hatte er in diesem Krankenhaus nicht die Möglichkeit, uns mit den Noma-Patienten behilflich zu sein. In der Tat war die Situation beängstigend. Es fehlte quasi an allem, was für medizinische Hilfe notwendig gewesen wäre. Es gab keinen Sauerstoff, keine Blutkonserven, keine Medikamente. Die Sterilität, die für Noma-Operationen notwendig ist, konnte in keiner Weise gewährleistet werden.

Erschöpft und frustriert erreichten wir die Station der GTZ. Der Empfang war herzlich, doch man trieb uns zur Eile:»Der Präfekt von Tahoua ist gerade in der Stadt. Wir müssen uns sofort auf den Weg machen.«

Der Präfekt Souleymane Kané empfing uns in voller Stammesbekleidung und Prunk. Ich kam mir ein bisschen vor wie in *Tausendundeine Nacht*. Ich führte das Wort und stellte die Hilfsaktion Noma und unsere Pläne für den Bezirk Tahoua vor. Der Präfekt lächelte milde und sagte uns seine uneingeschränkte Hilfe zu. Irgendwie hatte ich das Bedürfnis, noch etwas Erklärendes hinzuzufügen.

»Verzeihen Sie mir meine forsche Art. Ich weiß, in muslimischen Ländern sollten Frauen nicht das große Wort führen. Aber es ist halt meine Initiative ...«

Jetzt lachte der Präfekt herzlich. »Keine Sorge, ich versteh' das schon. Bei uns zu Hause hat auch meine Frau das Sagen.«

Binia kehrt zurück

Am nächsten Morgen war Binia der Erste, der wach war. Heute war sein großer Tag, heute würde er seine Eltern wiedersehen. Ich hoffte sehr, dass ich ihm damit nicht zu viel versprochen hatte. Den Unterlagen von *Sentinelles*, mit denen er nach Deutschland gekommen war, hatte ich entnommen, dass ihn seine Eltern irgendwie im Stich gelassen hatten. Trotzdem wollten wir eine Art »Familienzusammenführung« wagen.

Doch zuerst mussten wir uns in Tahoua noch verschiedene Gebäude ansehen, um eines zu finden, dass als Kinderhaus für unser Noma-Zentrum in Tahoua geeignet sein könnte. In Deutschland hatten wir uns vorgestellt, dass es schön wäre, ein Haus zu mieten, in dem Noma-Kinder ein- und ausgehen könnten. Dort sollten sie erste Hilfe erfahren. Wie genau das konkret aussehen würde, wussten wir zum damaligen Zeitpunkt nicht. Es wurde schlussendlich 10 Uhr, bevor wir mit Binia und unserem Fahrer Richtung Matamèye aufbrachen. 550 staubige Kilometer lagen vor uns. In Matamèye sollte es eine Schule geben, in die Binia vielleicht gehen könnte.

Die Begegnung mit dem Schuldirektor war kurz und sachlich. Er war generell bereit, Binia aufzunehmen. Das kostete natürlich Schulgeld. Ein Internat gab es aber leider nicht. Alle Kinder, die die Schule besuchten, wohnten bei Verwandten vor Ort. So oder so würde sich eine Lösung finden, meinte der Schulleiter, allerdings bräuchte er die Erlaubnis von Binias Eltern für den Schulbesuch.

Da wir es eilig hatten, nahmen wir die Informationen zunächst nur an und fuhren direkt weiter nach Gomba Saboua, Binias Dorf. Die Reise gestaltete sich schwieriger als gedacht. Zwar waren es nur 85 Kilometer, doch eine wirkliche Straße gab es nicht. Der Mais stand hoch auf den Feldern und der Fahrer hatte Mühe, einen befahrbaren Weg zu finden. Nur gut, dass er Hausa sprach und immer wieder nach dem richtigen Weg fragen konnte. Schlussendlich stellte sich heraus, dass wir wohl etliche Male im Kreis gefahren waren. Aber wenigstens hatten so alle Bewohner der Umgebung ausreichend Zeit, sich auf dem Dorfplatz zu versammeln, als wir dort vorfuhren.

Es war ein großes Tohuwabohu, als wir endlich ausstiegen. Alle jubelten und schrien durcheinander. Es wurde viel gelacht und es flossen Tränen der Freude. Paul baute den Kassettenrecorder auf der Motorhaube auf und legte die mitgebrachte Kassette ein. Es wurde mucksmäuschenstill, als der Imam aus Regensburg zu den Bewohnern von Gomba Saboua sprach. Sie waren tief beeindruckt und freuten sich ehrlich, Binia so gesund wiederzusehen. Leider war Sani, Binias Vater, nicht zu Hause. Dafür erteilten uns sein Onkel und der Imam des Dorfes freudig die Genehmigung, dass Binia zur Schule gehen dürfte.

Als Nächstes wollten wir noch Binias Mutter Hadissa im Nachbardorf besuchen. Der Fahrer drängte zur Eile: »Denkt dran, dass wir vor Sonnenuntergang noch nach Zinder kommen müssen.« Nun, um ehrlich zu sein, Hadissa machte es uns relativ leicht, dieses Ziel zu erreichen. In ihrem Dorf war die Aufregung über Binias Rückkehr deutlich gedämpfter. Die Mutter nahm emotionslos die Geschenke an, die Binia mitgebracht hatte. Es schien uns, als wäre sie vielmehr daran interessiert, eine Mitfahrgelegenheit nach Zinder zu bekommen. In unserem Auto wurde es eng. Mutter und Großmutter von Binia kletterten mit Körben, die mit Hirse gefüllt waren, auf die Ladefläche.

Als wir in Zinder ankamen, war es schon dunkel. Hadissa und ihre Mutter stiegen aus dem Auto und klaubten die während der holprigen Autofahrt heruntergefallenen Hirsesamen von der Ladefläche. »Mein Gott«, dachte ich, »wie arm muss man sein, um sich nach einem Hirsesamen zu bücken.«

Kapitel 2

Die Tür geht auf, die Tür geht zu

Samstag, den 26. August, verbrachten wir in Zinder. Binia war angespannt. Er wusste, jetzt ging es um ihn. Er wusste, dass wir zugesichert hatten, ihn im *Sentinelles*-Zentrum abzugeben. Der Moment unserer Trennung stand unmittelbar bevor. Wir hatten offiziell nur noch diesen Tag zusammen. Am nächsten Tag würde er ins Zentrum ziehen. Manchmal waren seine Augen gerötet, dann wusste ich, er hatte geweint. Binia weinte viel in diesen Tagen, wenn niemand hinschaute.

Es war ein schwerer Weg, als wir mit Binia schließlich zum *Sentinelles*-Zentrum gingen. Er hielt mich fest an der Hand. Verschwunden war der lustige, selbstbewusste Junge, der mit uns vor rund einer Woche ins Flugzeug gestiegen war. Damals war Binia voller Hoffnung, jetzt war er voller Furcht. Wovor er konkret Angst hatte, wusste ich jedoch nicht.

Dr. Canut, der Leiter der Station, zeigte uns das Zentrum. Zum ersten Mal wurden Paul und ich sowohl mit akut erkrankten Noma-Kindern als auch mit frisch operierten Patienten in Niger konfrontiert, und mir wurde schnell klar, dass die schulische Integration von Binia wohl das geringste Problem der Helfer vor Ort war.

Am Abend packten Binia und ich wieder einmal die Koffer, damit Binia am nächsten Tag all seine Sachen mit ins Zentrum nehmen konnte. Aber ich hatte noch einen Trumpf in der Hand: Die Schule in Matamèye, wo sich der nette Schuldirektor so hilfsbereit gezeigt hatte. Die gewünschte Genehmigung der Erziehungsberechtigten – dem Onkel von Binia und dem Imam des Dorfes – hatte ich schon in der Hinterhand. Ich gab mich kämpferisch: Wenn sich *Sentinelles* in Zinder bezüglich Binias Schulausbildung nicht verbindlich zeigen würde, wollte ich ihn irgendwie nach Matamèye schicken. Basta! Ich war resolut. Doch um ehrlich zu sein, zeigte ich mich nur gegenüber Binia so überzeugt. Würde ich das wirklich durchsetzen können? Mir kamen Zweifel ... Immerhin sollten auch wir am nächsten Tag zurück nach Niamey fahren.

Es war Sonntag, der 27. August und alle Zeichen standen auf Sturm. Binia war nervös, als wir uns schon sehr früh erneut auf den Weg zum Noma-Zentrum von *Sentinelles* machten. Ich kam gleich zur Sache, also zu DER SACHE, die mir momentan am wichtigsten war: die Zukunft von Binia. Dr. Canut war wohl überrascht ob meiner forschen Offensive.

»Ich will die schulische Ausbildung von Binia sicherstellen. Die notwendigen Papiere, die Genehmigung der Erziehungsberechtigten, habe ich.«

Doch Dr. Canut unterbrach meinen Redefluss und wies mich darauf hin, dass *Sentinelles* der Erziehungsberechtigte für Binia sei. Mir stockte der Atem, damit hatte ich überhaupt nicht gerechnet. Paul warf mir einen Blick zu, der eindeutig war und besagte: »Sag jetzt bloß nichts Falsches!«

Mein ungläubiger Blick war für Dr. Canut Aufforderung genug, mir zu erklären, dass Binias Eltern mit der Aufnahme des Jungen in das Zentrum vor einem Jahr eine Erklärung unterschrieben haben, dass die Erziehungsberechtigung von nun an auf *Sentinelles* übertragen wurde. Daher sei unser Handeln unrechtmäßig gewesen.

Ich schluckte eine patzige Erwiderung herunter, jetzt begab ich mich auf ganz dünnes Eis. »Aber schauen Sie, ich habe genau die gegensätzlichen Informationen erhalten. *Sentinelles* in Lausanne hatte mir zugesagt, dass eine schulische Integration von Binia auch im Sinne Ihrer Organisation sei.«

Meine Taktik ging auf. Dr. Canut sagte, er wolle sich mit mir nicht streiten. Es sei doch wichtiger, das gemeinsame Ziel nicht aus den Augen zu verlieren.

Schlussendlich konnten wir einen Kompromiss aushandeln: Da in Zinder ad hoc keine schulische Ausbildungsmöglichkeit zu finden war, wurde uns erlaubt, Binia noch mal mit zurück nach Niamey zu nehmen, um dort nach einer Schule und Unterbringung zu suchen. Sollte uns das bis zum Abflug am 4. September nicht gelingen, würde Binia vorübergehend ins *Sentinelles*-Zentrum nach Zinder zurückkehren. Da Dr. Canut ohnehin in der Hauptstadt zu tun hatte, würde eine eventuelle Übergabe des Kindes eben dort stattfinden, und Dr. Canut würde sich, so versprach er mir, persönlich um eine schulische und/oder familiäre Unterbringung von Binia zu kümmern.

Erleichtert, aber keineswegs zufrieden, stiegen wir zusammen mit einem ebenfalls erleichterten Binia in unser Auto und machten uns auf die 900 Kilometer weite Reise zurück nach Niamey.

Schenk mir bitte noch ein bisschen Zeit ...

Noch eine Woche. Das sind sieben Tage, 168 Stunden oder 10 080 Minuten. Während der Autofahrt zurück nach Niamey hatte ich Zeit für solch komplizierte Rechenspiele. Unsinnige Gedanken, die mich nur ablenken sollten vom eigentlichen Problem: Wohin mit Binia? Was können wir tun, damit er in Sicherheit ist? Festhalten, loslassen, zurücklassen?

Plötzlich spürte ich die Last der Verantwortung fast körperlich auf meinen Schultern. Ich hatte mit meiner Initiative,

Binia nach Deutschland zu holen, um ihn operieren zu lassen, in meinen Augen eine Verpflichtung übernommen. Ich würde halten, was ich versprochen hatte – und das, was ich am wenigsten wollte, war Binia zu enttäuschen.

Natürlich kam mir auch die Idee, ihn einfach wieder zurück nach Deutschland mitzunehmen. Doch diese Gedanken musste ich mir verbieten. Das war keine Option. Der Einsatz für ein einzelnes Kind durfte nicht die großen Pläne, die wir mit der *Hilfsaktion Noma e. V.* hatten, durchkreuzen. Es durfte nicht auf ein Entweder-oder hinauslaufen, ich wollte ein Sowohl-als-auch erreichen. Nur wie das gehen sollte, wusste ich noch nicht.

Binia schien über die Schonfrist, die ihm blieb, jedenfalls froh zu sein. So richtig glücklich und gelöst, wie noch zu Beginn der Reise, war er allerdings nicht mehr. Da war sicherlich ein Gefühl von »Heimat« in ihm, seine Wurzeln, seine Sprache, seine Welt. Aber da waren auch wir, Paul und ich, die für das andere Leben standen. Für Vertrauen und Beständigkeit, für Sicherheit und Zuwendung.

Unser erster Weg am Montagmorgen führte uns in die Deutsche Botschaft. Wir berichteten von unserer Reise über Land, von den widersprüchlichen Eindrücken. Erstaunt mussten wir feststellen, dass insbesondere die Einheimischen sehr wenig über die Situation abseits von Niamey wussten. Schnell jedoch kamen wir zu dem Thema, was uns wirklich unter den Nägeln brannte: Wohin mit Binia?

Trotz allem sprachen wir natürlich auch über den Gedanken, Binia einfach wieder mit zurück nach Deutschland zu nehmen. Beispielsweise könnte die kieferorthopädische Behandlung seiner Zähne ein geeigneter Grund sein. Doch in der Kürze der Zeit – uns blieben noch sechs Tage – wäre das nicht zu bewerkstelligen. Zumindest nicht so, als dass es nicht unseren darüber hinausgehenden Einsatz in Niger nachhaltig gefährden würde.

Die Botschaft versprach volle Unterstützung beim Finden einer Lösung für Binia vor Ort in Niamey. Könnte man ihn vielleicht doch im SOS-Kinderdorf unterbringen?

So viel Unsicherheit raubte mir den Schlaf.

Aufgabe des Tages: Findet eine Klinik

Zwar hatte ich das Binia-Problem weiterhin im Fokus, doch mussten Paul und ich uns auch um die Vereinsaktionen vor Ort kümmern. So fuhren wir am nächsten Tag beispielsweise ins Universitätskrankenhaus der Hauptstadt. Wir diskutierten mit den leitenden Ärzten und lösten mit unseren Plänen, ausländische Spezialisten ins Land einfliegen zu lassen, um bei durch Noma entstellten Kindern eine wiederherstellende Operation durchzuführen, Begeisterung aus. Die Klinik und ihre Operationssäle schienen gut geeignet. Der Verwaltungsdirektor allerdings dämpfte den Enthusiasmus: »Sobald sie eine Genehmigung der Regierung haben, sehen wir uns wieder.«

Das andere Krankenhaus, was auf unserem Plan stand, das Nationalkrankenhaus, verschob den Termin auf den 4. September. Zwar sollten wir an diesem Tag zurück nach Deutschland fliegen, aber da der Abflug erst kurz vor Mitternacht geplant war, sagten wir dem Treffen im Nationalkrankenhaus dankbar zu.

Am Abend, als Binia schon schlief, erstellten Paul und ich im Hotel ein grundlegendes Konzept, wie der Einsatz der

Hilfsaktion Noma e. V. in Niger vor Ort aussehen könnte. Dies wollten wir noch vor unserer Abreise nach Deutschland dem nigrischen Gesundheitsministerium vorstellen. Alles, was wir in diesem Konzept niederschrieben, war auf Nachhaltigkeit ausgerichtet. Insgeheim stand der Gedanke dahinter, in Zukunft immer mehr Infrastruktur in Niger zu schaffen, sodass eine Ausreise von Kindern für Operationen nach Europa überflüssig sein könnte. Mögliche Ansatzpunkte waren die Aufklärungsarbeit vor Ort, das aktive Suchen und Finden von an Noma erkrankten Kindern auf dem Land und ein Beitrag zur Verbesserung der medizinischen Infrastruktur durch die Einbindungen der Kliniken im Land – insbesondere der Universitätsklinik in Niamey und des Nationalkrankenhauses, von dessen bevorstehender Besichtigung wir uns viel versprachen. Wir wollten tunlichst vermeiden, die Kinder aus ihrem Umfeld zu holen, um sie dann – unter Umständen Monate später – in eine Heimat zurückzubringen, die ihnen fremd geworden war.

SOS-Kinderdorf oder Waisenhaus?

In Bezug auf Binia wurde unsere Situation immer verzweifelter. Trotz aller Bemühungen der Deutschen Botschaft gab es keine erhellenden Neuigkeiten. Das SOS-Kinderdorf war momentan ohne Leitung, die zuständige Dame war im Urlaub und ohne sie konnte keine Entscheidung getroffen werden. Inzwischen war auch Dr. Canut vom *Sentinelles*-Zentrum in Zinder in Niamey eingetroffen.

Nun war es schon Freitag, der 1. September, und wir waren in Bezug auf Binias Zukunft immer noch keinen entscheidenden Schritt weitergekommen. Inzwischen waren wir bereit, nach jedem Strohhalm zu greifen. Dazu gehörte auch die Überlegung, Binia ins Waisenhaus nach Niamey zu bringen, wie es die Leiterin der Caritas vor Ort vorschlug. Uns war alles recht, solange Binia nur gut untergebracht war und eine Schule besuchen konnte.

Die Fahrt dorthin war bedrückend. Am Waisenhaus angekommen trafen wir auf zwei Häuser inmitten eines großen Gartens. Kleinkinder spielten dort fröhlich quiekend, während sie von einheimischen Frauen beaufsichtigt wurden. Die Psychologin des Waisenhauses führte uns herum.

»Hier leben etwa 20 Kinder zwischen 3 und 14 Jahren«, erklärte sie uns.

»Wo sind denn die älteren Kinder?«, wollte ich wissen.

Die Dame schaute mich verwundert an. »Unterwegs«, lautete die einsilbige Antwort.

»Wie? Unterwegs?«, fragte ich ungläubig.

»Ja, die kommen meist erst abends zurück ins Waisenhaus«, erklärte sie lapidar.

Ehrlich gesagt fiel mir keine weitere, gescheite Frage mehr ein. Schulische Verpflichtungen schien es nicht zu geben und eine kontinuierliche Betreuung war hier offenbar auch nicht möglich. Kein Platz für Binia jedenfalls.

Zwar hatte uns die Caritas zugesichert, noch unter Hochdruck nach einer Unterbringungsmöglichkeit für Binia zu suchen. Doch Paul und ich mussten den Tatsachen ins Auge sehen und erkennen, dass es bis zu unserer Abreise am Dienstag höchstwahrscheinlich keine zufriedenstellende Alternative für Binia geben würde.

Wir machten also einen Plan, entwarfen quasi einen Maßnahmenkatalog mit Bedingungen, die erfüllt werden müssten, wenn Binia am Montag, den 4. September, mit Dr. Canut nach Zinder fahren sollte.

Unser Plan wurde im Laufe der Zeit zu den wichtigsten Säulen der Arbeit der *Hilfsaktion Noma e. V.* in Niger:

1. Die Kinder sollten, wann immer möglich, vor Ort und im Land operiert werden. Die Ausreise nach Europa sollte nur in seltenen Ausnahmefällen das Mittel der Wahl sein.
2. Die Kinder sollten im Land von überwiegend/ausschließlich einheimischen Pflegekräften versorgt werden.
3. Eine schulische Förderung sollte als Ausgleich zu den entstandenen Handicaps durch die Noma-Erkrankung unbedingt angeboten werden.

In Bezug auf Binia ergab sich daraus, dass er, falls sich keine andere Lösung auftat, mit Dr. Canut zunächst ins *Sentinelles*-Zentrum nach Zinder fahren würde. Von dort aus sollte eine Schule und eine Unterbringungsmöglichkeit in Zinder oder Matamèye gefunden werden. Eventuelle Kosten dafür würden Paul und ich aus eigener Tasche tragen. Falls all diese Bemühungen nicht fruchteten, sollte Binia zunächst zu seiner Familie nach Gomba Saboua zurückkehren.

Mit ins Gepäck bekam Binia einen therapeutischen Übungsplan, der regelmäßig abgearbeitet werden sollte. Dies zu überwachen, war wiederum Aufgabe eines Mannes, der als eine Art Dorfhelfer regelmäßig durch Gomba Saboua kam.

Schlussendlich fuhren wir mit Binia doch noch ins SOS-Kinderdorf – allerdings nur zu Besuch. Wohlwissend, dass die Leiterin immer noch im Urlaub war und wir nicht auf eine Entscheidung für Binia hoffen konnten, wollten wir es wenigstens einmal gesehen haben. Das Kinderdorf war wie aus dem Ei gepellt. Eine Oase der Ruhe und Zufriedenheit. Saubere, glückliche Kinder spielten auf dem wohlgepflegten Rasen. Die Häuser der kleinen Familien waren sauber und ordentlich, die angegliederte Schule vorbildlich ausgerüstet. Binia beschloss spontan, hier zu bleiben. Es tat uns leid, dass das nicht möglich war. Ich nahm mir fest vor, bei meiner nächsten Reise nach Niger hierher zurückzukommen, um Binia hier unterzubringen.

Noch einmal mit Gefühl

Der Sonntag war unser einziger Ruhetag auf dieser Reise. Wir, also Binia, Paul und ich, versuchten, noch einmal zu genießen und die Leichtigkeit der vergangenen Monate heraufzubeschwören. Binia planschte ein letztes Mal im Pool des »Hotel Sahel«. Wir unternahmen eine Stadtrundfahrt und besuchten das Nationalmuseum. Wir wollten Binia ein paar schöne Erinnerungen mitgeben, einen unvergesslichen Tag schenken. Mehr – so wussten wir jetzt – konnten wir nicht tun. Als Binia und ich an diesem Abend zum letzten Mal die Koffer packten, weinten wir beide.

Am nächsten Morgen war Binia stumm. Er kletterte ohne Widerworte, die er sowieso selten gab, ins Auto mit Dr. Canut und fuhr davon. Meine Beteuerungen, dass ich ihn nicht vergessen und dass ich wiederkommen würde, um für ihn eine sichere Zukunft zu bauen, blieben unausgesprochen. Er wusste es ohnehin. Und das Unglaubliche wurde bittere Realität. Ich hatte mein Herz in Afrika verloren, zumindest ein Teil davon.

Besuch im Nationalkrankenhaus

Ich hatte keine Zeit für Tränen. Die Stunden bis zum Abflug waren randvoll mit wichtigen Terminen. Zunächst fuhren wir ins Gesundheitsministerium und übergaben dort unser ein paar Tage zuvor erstelltes Konzept für eine Zusammenarbeit der *Hilfsaktion Noma e. V.* mit dem nigrischen Staat. Wir mussten uns die Unterstützung der Regierung einholen, um die Krankenhäuser für unsere Zwecke nutzen zu können. Die Deutsche Botschaft hatte für eine professionelle Übersetzung gesorgt.

Auf dem Weg zum Nationalkrankenhaus stoppten wir mehrmals, um uns von den verschiedenen Organisationen zu verabschieden, die uns hier in den letzten Wochen so sehr unterstützt hatten. In der Deutschen Botschaft legten wir eine neuerliche To-do-Liste für die kommenden Schritte fest: von der Arbeitserlaubnis für unsere Organisation über die Einreisegenehmigungen für künftige Ärzteteams bis hin zur Zollbefreiung für künftig mitgebrachte Hilfsgüter – es gab so viel zu bedenken.

Um 17 Uhr schließlich waren wir im Nationalkrankenhaus zur Besprechung eingeladen. Nach einem kurzen Begrüßungsritual und der üblichen Präsentation unserer Vorstellungen für eine künftige Zusammenarbeit wurde der höfliche Gedankenaustauch alsbald durch Dr. Paraiso unterbrochen, einer nigrischen Fachärztin und Leiterin der Abteilung für Zahnheilkunde sowie Hals-Nasen-Ohren-Erkrankungen. Sie ließ ihrer ganzen Wut über unser »arrogantes Auftreten« mehr als freien Lauf.

»Ich habe hier eine Liste von über 90 Patienten, die an Noma erkrankt waren und nun eine Operation brauchen.

Und ich kann NICHTS für sie tun. Aber Sie, Sie kommen hier rein und behaupten, Sie könnten das?« Ihre Augen funkelten mich böse an. Glücklicherweise ließ sie sich besänftigen und schließlich zu dem Kompromiss bewegen, dass ausländische Ärzte nur mit dem Nachweis ihrer Kompetenz hier am Krankenhaus operieren dürften.

Ich bat Dr. Paraiso, mir ihre Praxisräume zu zeigen und mir bei der Gelegenheit die Liste mit den Namen von dringenden Patienten auszuhändigen. Der kurze Gang durch das Krankenhaus zur HNO-Abteilung zeigte mir, was ich wissen musste. Der Blick in eines der Patientenzimmer war erschütternd. Gleich mehrere Menschen teilten sich ein Bett, umringt von Angehörigen, die die Pflege und Versorgung der Patienten übernahmen. Daran, dass hier kein Platz für die höchst infektionsgefährdeten Noma-Kinder nach der Operation war, bestand für mich kein Zweifel. Nur einer der vier Operationssäle entsprach halbwegs den Anforderungen, die wir in Europa an dermaßen diffizile Operationen stellen. Endlich waren wir in den Praxisräumen von Dr. Paraiso angekommen. Ein alter zahnärztlicher Behandlungsstuhl thronte in der Mitte des Raums. Die Auswahl der Instrumente und der vorhandenen Apparaturen war minimalistisch. Insgeheim bewunderte ich diese Ärztin, wie sie es unter diesen Gegebenheiten überhaupt schaffte, Patienten zu behandeln. Aber offensichtlich tat sie das, ihr Wartezimmer war überfüllt.

Aus der Schublade eines alten Metallschranks, der offenbar aus Militärbeständen stammte, zog sie eine Liste und überreichte sie mir feierlich. »Helfen Sie mir«, sagte sie. Und ich versprach, mein Möglichstes zu tun.

Zurück im Konferenzraum brachte ich noch ein letztes Anliegen vor: Ich wollte einen Platz, ein Grundstück möglichst nahe am Nationalkrankenhaus, auf dem die Hilfsaktion ihre eigene Krankenstation errichten könnte. Erstaunlicherweise zeigte man sich dafür sehr offen.

»Ja, da gibt es in der Tat noch einen Platz, der für Sie ideal wäre«, meinte der Verwaltungsdirektor nach kurzem Überlegen, »aber die Errichtung solcher Pavillons kostet natürlich Geld. Geld, das die Regierung und das Krankenhaus nicht haben.«

Fast hätte ich geantwortet: »Das lassen Sie mal meine Sorge sein«, aber das schluckte ich besser runter. Es war zwar in der Tat meine Sorge, allerdings mit der Frage verbunden: »Wo kriege ich bloß das Geld dafür her?« Ich wusste, dass im frankophonen Afrika mit »Pavillons« keine Zelte gemeint waren, sondern kleine, einfache Häuschen, die zu einem Komplex zusammen auf einem Areal standen. Und so etwas kostete natürlich Geld.

Jedes Ende ist ein neuer Anfang

Als letzte Amtshandlung in Niger rief ich noch vom Hotel aus in Zinder an, um mich bei Dr. Canut zu erkundigen, ob die Reise zum *Sentinelles*-Zentrum gut gegangen war. Fast ein bisschen zu überschwänglich attestierte mir Dr. Canut: »Alles in bester Ordnung!«

Ich zwang mich, ihm zu glauben, sonst hätte ich nicht in das Fahrzeug steigen können, das uns die Deutsche Botschaft für die Fahrt zum Flughafen geschickt hatte.

Auf dem Rückflug nach Deutschland blieb der Sitz neben mir leer. Welche Ironie des Schicksals. Da fiel mir der Kinderreim ein, den ich mit meinen Grundschülern manchmal aufsagte: »Mein rechter, rechter Platz ist frei, da wünsch' ich mir den Binia herbei.« Und in diesem Moment wusste ich, dass Binia irgendwann wieder neben mir sitzen würde. Ich wusste nicht, wann, und ich wusste nicht, unter welchen Umständen – doch eins wusste ich genau: Unser gemeinsamer Weg war noch nicht zu Ende.

KAPITEL 3
HEIMAT(LOS)

Auf dem Rückflug aus Niger hatte ich viel Zeit zum Nachdenken. Je größer die Distanz zu Afrika wurde, desto mehr schärfte sich mein Blick für das Wesentliche. Und das Wesentliche war erst einmal, die vielen Projekte zu sortieren, die Paul und ich in Niamey angestoßen hatten. Das Wichtigste war der Entwurf eines Rahmenabkommens zwischen der *Hilfsaktion Noma e. V.* und der nigrischen Regierung beziehungsweise dem Gesundheitsministerium, den Paul und ich in den letzten Tagen in Afrika entwickelt hatten. Geprägt von den Eindrücken und Gesprächen erschien mir dieser notwendige Punkt, der zuvor noch machbar schien, plötzlich wie eine Herkules-Aufgabe.

Immer wieder wanderten meine Gedanken natürlich zurück zu Binia. Die Ungewissheit nagte an mir. Was würde aus ihm werden? Was würde aus all unseren Plänen und Vorhaben werden? Solchen Gedanken hing ich nach, während unsere Maschine in München zum Landeanflug ansetzte.

Gelandet in der Wirklichkeit

Zurück in Regensburg hatte ich noch knapp eine Woche Zeit, bis die Schule wieder losging. Ohne Binia war unser Haus seltsam still – zumindest erschien es mir so. Ich kompensierte den Verlust durch volles Engagement für den Verein. Ich schrieb Dankesbriefe nach Afrika und an die deutschen Organisationen und Ministerien, die uns bislang unterstützt hatten. Parallel dazu suchte ich Gastfamilien für die kleinen Patienten, die von *Sentinelles* an uns vermittelt wurden und demnächst nach Deutschland kommen sollten. Ich nahm mir besonders viel Zeit, die künftigen Gasteltern auf ihre Rolle vorzubereiten. Die eigene Erfahrung hatte mich gelehrt, dass es schwierig war, die Balance zwischen Nähe und Distanz zu finden, um den Aufenthalt der Kinder für alle Seiten reibungslos verlaufen zu lassen.

Andererseits suchte und fand ich mit Unterstützung von Prof. Dr. Lemperle von *INTERPLAST Germany e. V.* plastische Chirurgen im ganzen Land und über die deutschen Grenzen hinaus, die sich bereit erklärten, mit der *Hilfsaktion Noma e. V.* zusammenzuarbeiten. Waren es im ersten Jahr noch 188 Briefe gewesen, die ich geschrieben hatte, so kam ich im darauffolgenden Jahr auf fast 300.

Ein Großteil meiner Briefe ging als Fax nach Niger. Im Gesundheitsministerium machte man uns Hoffnung, dass das gegenseitige Abkommen zum Jahreswechsel 1995/1996 unterzeichnet werden könnte.

Gemeinsam mit Prof. Dr. Lemperle begann ich damit, unsere erste Operationskampagne für 1996 zu planen. Dafür gab es wirklich alle Hände voll zu tun, denn einerseits musste auf dem leeren Grundstück beim Nationalkrankenhaus eine

Unterbringungsmöglichkeit für unsere kleinen Noma-Patienten gebaut und später ausgestattet werden. Andererseits wollten wir das Krankenhaus mit medizinischem Bedarf und Medikamenten unterstützen. So viel wie möglich sollte im Land gekauft werden, um dadurch wiederum die heimische Wirtschaft anzukurbeln.

Von Binia hörte ich in diesem Herbst wenig. Ab und zu kam ein Fax von *Sentinelles*. Der Inhalt war stets der Gleiche: »Binia geht es gut.« Nun ist »gut« in Bezug auf Afrika immer relativ. Aber das wusste ich zu diesem Zeitpunkt noch nicht. In der Tat waren da noch einige Lektionen, die ich lernen musste.

Wenigstens hatte unser Verein keine Geldsorgen mehr, für die nächsten Projekte stand die Finanzierung. Die Kontakte zu *Sternstunden e. V.* trugen Früchte und durch die Zusammenarbeit mit *INTERPLAST Germany e. V.* erschlossen sich neue Finanzierungsmöglichkeiten über das Bundesministerium für wirtschaftliche Zusammenarbeit und Entwicklung (BMZ).

Einzig meine Initiative bei der Autoindustrie erwies sich als erfolglos. Ich hatte bei verschiedenen Herstellern um Unterstützung gebeten, denn in Niger brauchte der Verein ein Fahrzeug. Dort gibt es keinerlei öffentliche Verkehrsmittel und für die Betreuung von Patienten in weit entlegenen Gegenden war ein Fahrzeug dringend erforderlich. Diesbezüglich musste ich mir etwas anderes überlegen.

Allein nach Afrika!

Im Dezember 1995 kristallisierte sich heraus, dass ich in den Weihnachtsferien – und zwar unmittelbar nach Neujahr – nach Niger fliegen musste, um entscheidende Dinge zu regeln. Unter anderem sollte das Rahmenabkommen mit der nigrischen Regierung unterzeichnet werden. Anschließend standen weitere Gespräche mit den Krankenhäusern an. Zudem mussten einige logistische und organisatorische Dinge in Bezug auf unser Bauvorhaben der Noma-Pavillons erledigt werden.

Als ich am 2. Januar 1996 nach Niamey flog, war ich zum ersten Mal allein unterwegs. Zum einen musste sich Paul um seinen Beruf kümmern und wollte zudem in dieser Zeit für unsere Kinder da sein, zum anderen waren Flüge nach Niamey extrem teuer. Hin und zurück waren das etwa 1300 DM und wir hatten weiterhin den Ehrgeiz, solche Kosten selbst zu tragen. Davon abgesehen sollte es ja auch keine Vergnügungsreise werden, dafür standen zu viele Verpflichtungen auf meinem Reiseplan.

Mit der Air France nach Niamey zu reisen, war schon etwas Ungewöhnliches. Kaum war die Maschine auf dem Flughafen gelandet und die Fluggasttreppe hatte angedockt, stand dort bereits das Personal der Einreisebehörde, die die Flugtickets und Pässe kontrollierten. Ich kann mich noch daran erinnern, wie hinter mir ein Mann seiner Begleitung zuflüsterte: »Die wollen nur kontrollieren, ob du hier auch wirklich aussteigen willst.« Diese Bemerkung bezog sich darauf, dass das Flugzeug nach dem Ausstieg der Niamey-Passagiere gleich in die Hauptstadt von Burkina Faso, nach Ouagadougou, weiterfliegen würde. Ja, dachte ich, wer will schon nach

Niamey? Die Frage war natürlich rein rhetorisch, denn ich wollte genau dorthin.

Diesmal wurde ich unter anderem von Dr. Jean-Marie, einem Arzt aus Niamey, den Paul und ich auf unserer letzten Reise kennengelernt hatten, empfangen. Damals steckte er noch mitten in seiner Promotion und hatte immer wieder Pauls und meine Nähe gesucht. Schlussendlich hatte ihm Paul einen Kontakt zu seinem ehemaligen Doktorvater vermittelt, mit dessen finanzieller Unterstützung die Doktorarbeit von Jean-Marie abgeschlossen werden konnte. Vom Flughafen wurde ich ins Hotel »Maourey« gebracht. Noch am gleichen Abend traf ich mich mit einem Mitarbeiter der Katholischen Mission und Dr. Jean-Marie, um die Termine für die nächsten Tage abzustimmen. Es gab viel zu tun – also fing ich am besten gleich damit an.

Am nächsten Morgen wurde mir Prof. Dr. Leonidas Sibomana vorgestellt. Er sollte in den nächsten Tagen mein Dolmetscher sein. Der Professor für Linguistik kam ursprünglich aus Ruanda, hatte in Hamburg studiert und promoviert und schließlich eine Deutsche geheiratet. Zu dieser Zeit war er an der Universität in Niamey und hatte dort den Lehrstuhl für Linguistik inne. Sibomana war (und ist) ein bescheidener, liebenswürdiger Mann und für mich der ideale Übersetzer. Er sprach gleich mehrere Sprachen, die er dann auch noch in perfektes Deutsch übertragen konnte. Sibomana sollte auf dieser Reise mein ständiger Begleiter sein.

Zuerst fuhren wir gemeinsam ins Nationalkrankenhaus. Dort traf ich mich mit dem Leiter der zahnärztlichen Klinik, Dr. Soumana, und übergab ihm meine Pläne für die Noma-Pavillons, die auf dem Gelände des Krankenhauses entstehen sollten. Die Umsetzung selbst sollte das Nationalkrankenhaus übernehmen. Das hatten wir noch eher beiläufig schon im August 1995 angedacht. Dr. Soumana zeigte sich wohlwollend. Er lud Sibomana und mich ein, die Kinderstationen zu besichtigen.

Die Stationen waren in A und B unterteilt, wobei die Station A eine Säuglingsstation war, die rund 20 Kinder aufnehmen konnte. Diese war voll belegt. Mir taten die kleinen Babys in den winzigen Bettchen leid. Doch trotz der beengten Verhältnisse war ich positiv überrascht, wie ruhig es dort zuging. Jedoch gab es hier definitiv keinen Platz, unsere künftigen Noma-Patienten unterzubringen. Also gingen wir weiter zur Station B, die Kinder ab sechs Jahren beherbergen sollte.

Als sich die Türen öffneten, verschlug es mir den Atem. Hatte ich eben noch die beengten Verhältnisse in Station A moniert, so fand ich für die Station B keine Worte mehr. Jedes Bett war mit mindestens zwei, wenn nicht sogar mehr kleinen Patienten belegt. Um die Betten herum wuselten diverse Verwandte, die die Kinder versorgten. Ich hatte das zwar in Berichten gelesen und damals natürlich ähnlich auf der HNO-Station gesehen, aber für die Kinderstation hatte ich es mir so nicht vorstellen können. Es wurde kein Unterschied gemacht, ob die Kinder Meningitis oder Masern hatten, sie lagen in einem Bett mit Patienten, die beispielsweise nur einen Beinbruch auskurieren sollten. Das Infektionsrisiko war immens. Der betreuende Kinderarzt erklärte uns, dass die Krankenschwestern nur für die medizinische Pflege zuständig seien und alles andere von den Verwandten der Kinder erledigt werden müsste.

Ehrlich gesagt war ich froh, als wir die Station wieder verließen, und uns gemeinsam mit dem Direktor des Nationalkrankenhauses in dessen Büro trafen. Ich hatte jedoch das dringende Bedürfnis, irgendein »privates« Hilfsangebot zu machen: »Was halten Sie davon, wenn ich die Station B sanieren lasse?«, fragte ich eine Spur zu übereifrig.

Der Direktor lächelte mild und unverbindlich: »Vielen Dank für das Angebot, aber das wird nicht nötig sein.« An meinem Gesichtsausdruck konnte er meine Verwunderung ablesen und er ergänzte: »Wissen Sie, wir sind hier so überfüllt, dass eine Sanierung nur wenig Sinn macht. Es würde im Handumdrehen wieder genauso aussehen wie jetzt. Ihre Noma-Patienten dort unterzubringen, geht einfach nicht. Bauen Sie etwas Eigenes!« Er zeigte auf die von mir mitgebrachten Baupläne. »Das geht schneller und wird eher Ihren Vorstellungen entsprechen.«

Offenbar hatte der Direktor mein spontanes Angebot nicht richtig verstanden, doch ehe ich insistieren konnte, machte Leo Sibomana an meiner Seite eine beschwichtigende Geste. Ich hatte noch viel über afrikanische Lebensart und freundliche Zurückhaltung zu lernen. Meine direkte Art, Probleme zu benennen, hatte den Krankenhausdirektor in Verlegenheit gebracht. Es war also klüger, ihn in diesem Moment nicht weiter zu bedrängen. Insgeheim war ich eigentlich auch froh, dass er mein voreiliges Angebot nicht annahm, denn das hätte unser Familienbudget garantiert gesprengt.

Dr. Sibomana lenkte das Gespräch wieder auf die Pläne für die Noma-Pavillons. Es sollten vier luftige Häuschen werden, in denen insgesamt bis zu 20 Noma-Patienten Platz hätten. Darüber hinaus würde es ein Untersuchungszimmer und ein kleines Büro geben, sowie ein überdachtes Areal, das sich als Wartezimmer und Aufenthaltsraum eignen könnte.

Der Direktor versprach, die Pläne mit Dr. Soumana zu prüfen und die Kosten kalkulieren zu lassen. Doch bevor es so weit war, musste auch noch der Vertrag mit der nigrischen Regierung unterschrieben werden. Ich fuhr also mit Dr. Sibomana zur Deutschen Botschaft, um zu erfahren, ob es diesbezüglich Neuigkeiten gab. Anschließend fuhren wir in die Niederlassung der GTZ. Es ging um die Anschaffung eines geländegängigen Fahrzeugs und die Eröffnung eines Bankkontos. Wenn die *Hilfsaktion Noma e. V.* in Niger aktiv sein würde, waren das die Grundvoraussetzungen für unsere Arbeit.

Personalien und andere Formalitäten

Während dieser ersten Tage in Niger dachte ich immer öfter an Binia. Ich fragte mich, wie es ihm wohl ginge und ob ich ihn überhaupt wiederfinden würde, wenn ich in ein paar Tagen nach Zinder fahren würde. Der Wunsch, ihn schnell wiederzusehen, war Triebfeder dafür, all die Bürokratie möglichst schnell und effektiv hinter mich zu bringen.

Ich zog kurz Bilanz: Den geplanten Autokauf und die Eröffnung des eigenen Kontos hatte ich schon auf den Weg gebracht. Das Rahmenabkommen mit der Regierung beziehungsweise dem Gesundheitsministerium lag schon bereit, nur einen Termin für die Unterzeichnung gab es noch nicht. Nun musste ich noch einige Personalentscheidungen treffen.

Die Tage in Niamey hatten mir bereits gezeigt, dass Prof. Dr. Sibomana geradezu perfekt wäre, um die *Hilfsaktion Noma e. V.* in Niger zu repräsentieren. Das würde allerdings bedeuten, dass er höchstwahrscheinlich seinen Job an der Universität aufgeben müsste. Ich verschob die Gedanken darüber und nahm mir vor, ihn erst gegen Ende meiner Reise zu fragen.

Auch Dr. Jean-Marie wollte ich für unser Projekt gewinnen, ihn musste ich allerdings gar nicht fragen. Es war offensichtlich, dass er einen Job bei der Hilfsaktion haben wollte. Seit meiner Ankunft in Afrika hatte er sich an meine Fersen geheftet und tauchte häufig unverhofft bei meinen Terminen auf. Der stämmige Kinderarzt, der ursprünglich aus Burundi kam, war ein findiger, junger Mann. Er bot sich als idealer medizinischer Leiter der *Hilfsaktion Noma e. V.* an. Ich eruierte mit den nigrischen Behörden vor Ort, welche Vorgaben erfüllt werden müssten, und fand heraus, dass Jean-Marie – da er kein Nigrer war – zuallererst einmal eine Arbeitserlaubnis brauchte.

Noch bevor ich jedoch nach Tahoua abfuhr, besuchte ich das SOS-Kinderdorf in Niamey. Jetzt war auch die Leiterin vor Ort und so konnte ich mit ihr vereinbaren, dass sie Binia aufnehmen würden, falls es ihm in Zinder nicht gut ginge. Ich war erleichtert. Ich liebe es generell, und in diesem Fall war es mir besonders wichtig, einen Plan B in der Tasche zu haben.

Reise nach Tahoua

Die Fahrt nach Tahoua dauerte sieben Stunden. Ich kam mir ein bisschen vor wie auf der Rallye Paris–Dakar. Auf den staubigen Straßen erübrigt sich eine Geschwindigkeitsbegrenzung, allerdings ist es schon eine Kunst, die vielen Schlaglöcher zu vermeiden und möglichst ohne Reifenpanne am Ziel anzukommen. Mitte der 1990er-Jahre war die Provinzhauptstadt Tahoua noch eine Touristenhochburg. Es gab Hotels, Restaurants und Reiseveranstalter für Wüstensafaris mit dem Jeep oder auf dem Kamel.

Es war bereits Nachmittag, als wir dort ankamen. Als wir bei der GTZ-Station vorfuhren, begrüßte uns der dortige Leiter freundlich. In den nächsten Stunden besprachen wir alles, was nötig war, um unsere Arbeit hier vor Ort möglichst schnell aufzunehmen.

Die GTZ war bis 2011 als Gesellschaft für Technische Zusammenarbeit zuständig für – ganz allgemein ausgedrückt – Entwicklungshilfeprojekte weltweit. Heute werden die gleichen Aufgaben von der umbenannten und durch die Fusion mit anderen Organisationen vergrößerten GIZ, der Gesellschaft für Internationale Zusammenarbeit, übernommen.

Damals jedenfalls genoss die GTZ in Niger ein hohes Ansehen und die Menschen auf dem Land, dort wo die Mitarbeiter der GTZ zumeist unterwegs waren, vertrauten ihnen. In der Provinz Tahoua gab es neben der technischen Abteilung zudem die *GTZ alafia*. *Alafia* ist das Hausa-Wort für »Gesundheit« und das war sozusagen die Schnittstelle für unsere gemeinsamen Interessen.

Meine Hoffnung war, dass unsere zukünftigen Mitarbeiter mit den GTZ-Teams ins Umland fahren könnten, um dort nach »versteckten« Noma-Kindern zu suchen. Dazu war es notwendig, das Vertrauen der Menschen zu gewinnen – und gerade dafür wollte ich den engen Kontakt zu *GTZ alafia* aufbauen.

Aber mit den eigenen Vorstellungen ist das immer so eine Sache, und es sind meist andere Realitäten, auf die man trifft. Ich kannte das Haus der GTZ in Tahoua, es war sehr traditionell mit Lehm und Stroh gebaut. Mein Kinderhaus, das ich in Tahoua einrichten wollte, stellte ich mir etwas anders vor. Es sollte ein bisschen »europäischer« sein. Für den Anfang dachte ich, würde eine Art geräumiges Einfamilienhaus genügen. Zwei, drei Schlafräume für die Kinder, ein Wohnzimmer für den Aufenthalt tagsüber, ein kleiner Garten, eine Küche und natürlich sanitäre Anlagen. Das zu mieten sollte kein Problem sein, meinte der Leiter der GTZ-Station. Ich solle aber bedenken, dass es so eine Art Hausmutter bräuchte, die die Kinder versorgt, und einen Wächter, der auf alles aufpasst. Für den Fall, dass Jean-Marie eine Arbeitserlaubnis erhalten sollte, fuhr der Leiter der GTZ-Station fort, würde er der Leiter des Kinderhauses sein. Sein Job wäre es dann auch, mit den GTZ-Mitarbeitern aufs Land rauszufahren, um aktiv nach Noma-Kindern zu suchen.

Etwas verblüfft stellte ich fest, dass Dr. Jean-Marie schon voll als Leiter des Kinderhauses eingeplant war. Ich nahm mir vor, gleich nach der Rückkehr in Niamey einen Arbeitsvertrag mit ihm aufzusetzen. Jetzt hatte ich auch ein richtig gutes Gefühl, denn er als Afrikaner bekäme bestimmt leichter Zugang zur Landbevölkerung. Und dass er nicht Muslim, sondern Katholik war, würde die Zusammenarbeit mit ihm aufgrund gleicher Wertvorstellungen vielleicht zusätzlich erleichtern.

Kurz vor dem Abendessen traf ich mich noch mit dem Präfekt von Tahoua, Souleymane Kané. Er war erfreut, mich wiederzusehen, und fragte nach den Fortschritten unserer Hilfsaktion. Was ich zu berichten hatte, freute ihn sehr. Dank Dr. Sibomana und seiner Kenntnis von afrikanischen Höflichkeitsritualen wusste ich inzwischen, dass ich mich immer bei den Obrigkeiten sehen lassen musste, wenn ich in eine Stadt oder ein Dorf kam. Die allgegenwärtige Mundpropaganda sorgte stets dafür, dass man seine Anwesenheit nicht geheim halten konnte. Und schließlich wollte ich gerade zu Beginn unserer Aufbauarbeit niemanden verprellen. Meine weitschweifigen Reisen durchs Land waren für mich anfangs eine dringende Notwendigkeit. Ich wollte das Land kennenlernen und da es damals noch keine Mobiltelefone gab, war hinzufahren die einzige Möglichkeit, Kontakt aufzubauen und zu halten.

Reise nach Zinder

Am nächsten Morgen machten wir uns schon um fünf Uhr früh auf den Weg nach Zinder. Ich wollte dort so viel Zeit wie möglich mit Binia verbringen. Kurz nach Mittag, um halb eins, standen wir dann vor den – verschlossenen – Toren des Zentrums von *Sentinelles*. Nach einigem Klopfen und Hupen erschien ein Pfleger am Tor und öffnete uns. Dr. Canut, so erklärte er, habe das Zentrum verlassen.

»Hier ist keiner mehr«, sagte er uns. »Die Kinder wurden alle von ihren Eltern abgeholt.«

Die Enttäuschung musste mir wohl ins Gesicht geschrieben sein. »Und Binia? Wo ist Binia?«, fragte ich.

»Binia? Ja, das ist der Einzige, der noch hier ist. Er ist da drüben«, antwortete der Pfleger und zeigte auf eine Tür hinter ihm.

Ich stürmte an dem netten Pfleger vorbei und riss die Tür auf. Binia stand am Fenster, als ich den Raum betrat. Er wirkte verstört und apathisch. Er war abgemagert. Seine Kleidung war schmutzig und zerlumpt. Der Pfleger drängte sich an mir vorbei ins Zimmer.

»Man hat ihn von seinem Dorf hierher gebracht«, erklärte er uns geschäftig, »aber morgen wird er nach Matamèye gebracht, weil dort die Schule beginnt.«

Ich ging ein paar Schritte auf Binia zu. Ich hätte ihn zu gerne in den Arm genommen, stattdessen sprach ich ihn an: »Wie geht es dir, Binia? Geht's dir gut?«

Binia ließ seinen Blick gesenkt, als er schließlich antwortete: »Ich habe Hunger.«

Leo Sibomana konnte den Verantwortlichen überreden, uns Binia einstweilen zu überlassen. Wir durften mit ihm das Gelände verlassen und gingen schnurstracks ins nächstgelegene Restaurant. Dort bestellten wir sozusagen einmal die gesamte Speisekarte hoch und runter. Binia aß zweieinhalb Stunden nonstop. Er sprach kein Wort, doch am Ende lächelte er. »Satt«, sagte er – und plötzlich war er wieder der fröhliche Binia, den ich in Regensburg erlebt hatte.

Um halb acht Uhr abends mussten wir Binia wieder zurück ins *Sentinelles*-Zentrum bringen. Das Zentrum war in einem geräumigen Einfamilienhaus untergebracht. Drumherum gab es einen Garten, der von einer Mauer abgegrenzt war. Das war übrigens genau so ein Haus, wie ich es mir für uns in Tahoua vorgestellt hatte.

Aber am nächsten Morgen würden wir Binia wieder abholen, um ihn nach Matamèye zur Schule zu fahren.

Binia kommt in die Schule nach Matamèye

Um sechs Uhr in der Früh holten wir Binia vom *Sentinelles*-Zentrum ab. Er fuhr in unserem Auto mit, die *Sentinelles*-Mitarbeiter folgten in einem eigenen Fahrzeug. Binia hatte schon wieder Hunger. Das von mir mitgebrachte Baguette hatte er binnen Minuten vertilgt. Die ganze Fahrt über kaute er dann an einem mitgebrachten Knochen, den er aus der Hosentasche zog. Binia mochte an diesem Tag nicht viel reden.

Ehrlich gesagt, wusste ich auch nicht so recht, was ich sagen sollte. Irgendwie ließ mich der Gedanke nicht los, dass ich ihn doch im Stich gelassen hatte – und vielleicht war ich gerade im Begriff, es wieder zu tun. Stattdessen schilderte ich ihm das Schulleben in den buntesten Farben. Ich hatte bereits im Sommer dafür gesorgt, dass er beim Schuldirektor und dessen Familie wohnen würde. Dort gäbe es immer etwas zu essen, versicherte ich Binia. Und in den nächsten Ferien könnte er uns in Regensburg besuchen. Das wäre doch schön!

Alles, was ich sagte, war mehr ein innerer Dialog. Zwischen Binia und mir war eine unsichtbare Mauer entstanden, und ich hatte zugegebenermaßen ein wenig Angst davor, es anzusprechen. Binia blieb wortkarg. Vielleicht hatte er auch Angst. Angst davor, was ihn in Matamèye erwarten würde, und Angst davor, dass ich ihn wieder allein lassen würde. Aber was hatte ich auch anderes erwartet? Sein Leben lang war Binia, überspitzt ausgedrückt, herumgeschoben worden. Erst von der Mutter viel zu früh verlassen, dann vom Vater an den Onkel weitergereicht. Als er es dann dort nicht mehr aushielt, war er weggelaufen und hatte bei *Sentinelles* schließlich ein Dach über dem Kopf gefunden. Von dort aus ging es nach Deutschland. Und nachdem er uns als Familie erlebt und sich eingelebt hatte, hatten wir ihn zurück nach Niger gebracht. Dort war er schlussendlich wieder auf sich allein gestellt gewesen. Für einen achtjährigen Jungen genügt das vollauf, um sein Vertrauen in die Welt zu erschüttern.

Zwei Stunden später waren wir schon in Matamèye und Schulleiter Ibrahim Abdoua begrüßte uns herzlich. Gemeinsam besichtigten wir die Schule und Herr Abdoua baute vorsichtig Kontakt zu Binia auf. Das gelang gut und ich hatte kein allzu schlechtes Gewissen mehr, Binia in seiner Obhut zu lassen. Ich zahlte aus meiner privaten Kasse das Schulgeld im Voraus und gab auch einen Zuschuss für Nahrung und Unterkunft. Im Gegenzug versprach Abdoua, regelmäßig über Binias schulische Fortschritte zu berichten. Und die Sommerferien in Deutschland wurden auch gleich mitbeschlossen.

Zufrieden stieg ich ins Auto und Binia winkte mir nach. Jetzt wird alles gut, dachte ich.

Zurück in Niamey

Der Countdown für meinen Rückflug nach Deutschland hatte begonnen. In den letzten drei Tagen hatte ich auf Pisten und holprigen »Straßen« 2300 Kilometer hinter mich gebracht. Ich war müde und erschöpft. In den verbleibenden zwei Tagen gab es noch genau drei Dinge, die ich dringend erledigen musste.

Das Erste nahm ich gleich am nächsten Morgen in Angriff. Ich fragte Prof. Dr. Sibomana, ob er sich vorstellen könnte, für die Hilfsaktion in Niger als deren Repräsentant zu arbeiten. Ich hatte ein wenig Sorge, dass er durch mein Angebot überrumpelt sein könnte. Doch genau das Gegenteil war der Fall. Der bescheidene Prof. Dr. Sibomana sagte: »Gerne!« Auch er hatte sich in den letzten Tagen Gedanken gemacht und war zu dem Entschluss gekommen, dass sich seine Arbeit an der Universität und das Engagement für die Hilfsaktion gut miteinander vereinbaren ließen. »Wissen Sie, mit

Ihnen bin ich zum ersten Mal raus aus Niamey und aufs Land hinausgekommen. Ich bin überzeugt: Das ist eine gute und wichtige Sache, für die Sie sich einsetzen. Vielleicht kann ich Ihnen ja hier von Nutzen sein!« Ich musste lachen, das war die typische Bescheidenheit à la Sibomana. In der Tat hatte er sich bereits in den letzten Tagen unentbehrlich gemacht. Wir setzten einen Arbeitsvertrag auf und ich stattete ihn mit allen möglichen Handlungsvollmachten aus.

Das Zweite, was ich noch erledigen wollte, war die Anstellung von Dr. Jean-Marie. Weil für ihn noch diverse Genehmigungen einzuholen waren, beauftragte ich Prof. Dr. Sibomana damit, dies in die Hand zu nehmen. Sobald es einen Arbeitsvertrag geben würde, sollte dieser nach Deutschland geschickt und dort von mir unterschrieben werden. Dr. Jean-Maries Aufgabe als Leiter des Kinderhauses würde es in den kommenden Monaten sein, ein passendes Haus anzumieten, eine »Hausmutter« anzustellen und für Wachpersonal zu sorgen. Sobald diese Voraussetzungen erfüllt waren, würde seine eigentliche Arbeit, nämlich mit der GTZ über Land zu reisen und aktiv nach Noma-Kindern zu suchen, beginnen. Wir hatten uns vorgenommen, in den nächsten drei Monaten zwölf an Noma erkrankte Kinder im Umland von Tahoua zu finden.

Das dritte Projekt war das Wichtigste: Das Rahmenabkommen über die Zusammenarbeit mit der Regierung musste noch unterzeichnet werden. Mit diesem Termin ließen sich die zuständigen Behörden Zeit. Doch nach Intervention der Deutschen Botschaft und durch den persönlichen Einsatz von Dr. Jean-Marie wurde am 9. Januar 1996 das Rahmenabkommen am späten Nachmittag im Gesundheitsministerium unterzeichnet.

Fünf Stunden später saß ich bereits im Wartebereich des Flughafens in Niamey. Die Air France startete pünktlich um Mitternacht.

Kinder, wie die Zeit vergeht!

Sicher kennen Sie auch dieses Phänomen: Je mehr man zu tun hat, desto schneller vergeht die Zeit. Um ehrlich zu sein, verging für mich die Zeit viel zu rasch. Kaum hatte sich unsere Initiative, an Noma erkrankte Kinder zur Operation nach Deutschland zu holen, herumgesprochen, kamen sehr viele Anfragen. Inzwischen eilte uns unser Ruf voraus und es gab genügend Ärzte, die sich bereit erklärten, die Kinder zu operieren. Wir bekamen sogar ein Angebot aus Mallorca und nahmen es dankbar an. Nachdem uns *Sentinelles* bereits im Herbst neue Kinder vermittelt hatte, schickte auch Dr. Paraiso eine Liste mit operationsbereiten Kindern.

Wir brauchten also dringend Gasteltern, die diese kleinen Patienten aufnehmen würden. Die *Süddeutsche Zeitung* veröffentlichte einen Aufruf, der auf eine für unsere Verhältnisse große Resonanz traf.

Der kleine Issiaka war mittlerweile ein Jahr in Deutschland und konnte nun endlich nach Niger zurückgeführt werden. Wir waren froh, dass die Rekonstruktion seines Gesichts gelungen war, und zugleich auch ein wenig verstört, dass dies so lange gebraucht hatte. Da er sich noch im Wachstum befand, war schon jetzt abzusehen, dass in Zukunft bei ihm immer wieder Operationen notwendig sein würden. Der Aufenthalt in Deutschland war aber insgesamt einfach zu lange. Das durfte nicht wieder passieren, denn im März sprach der kleine Knirps bereits besser Deutsch als Hausa. Ich fragte mich, ob er sich je wieder in seiner Heimat zurechtfinden würde. Wenn ich mich allein daran erinnerte, wie sehr die fünf Monate in Deutschland Binia verändert hatten und wie schwer es ihm offenbar fiel, sich in Niger zu integrieren, fragte ich mich, wie Issiaka dies gelingen sollte. Ich verbot mir, weiter darüber nachzugrübeln.

Nachdem Prof. Dr. Sibomana in Niamey als unser Koordinator die Dinge in die Hand genommen hatte, machten wir große Fortschritte. Mithilfe der GTZ vor Ort konnten wir einen Geländewagen bestellen, Dr. Jean-Marie hatte ein Einfamilienhaus in Tahoua angemietet und bereits Ende März hatte er zwölf Noma-Patienten gefunden und in das neue Kinderhaus gebracht.

Auch Binia ging es offenbar gut. Schuldirektor Abdoua schrieb einmal im Monat einen ausführlichen Brief und berichtete über seine Fortschritte.

Ostern in Niger

Als Lehrerin war ich in Bezug auf die Niger-Reisen auf meine Schulferien festgelegt. Diesmal stand die Vorbereitung unserer ersten OP-Kampagne im Fokus. Mittlerweile waren so viele Kinder zur Operation angemeldet, dass ich es nicht mehr verantworten konnte, diese alle nach Deutschland zu holen. Zudem war das Operieren in Niger kostengünstiger und effektiver, weil die Kinder dann nicht aus ihrem gewohnten Umfeld gerissen werden mussten. Ich packte also meine Koffer und flog nach Niger. Mit im Gepäck hatte ich eine handliche Filmkamera, die mir der Bayerische Rundfunk zur Verfügung gestellt hatte. Ich sollte vor Ort einen Kameramann finden, der meine Reise nach Tahoua dokumentierte. Die Benefizaktion *Sternstunden e. V.*, die mittlerweile unsere Arbeit kräftig unterstützte, wollte Bilder sehen. Nur allzu verständlich bei den Fördergeldern, die wir beantragt hatten.

Nach der Landung in Niamey wurde ich zum ersten Mal von »unserem Personal« empfangen. Dr. Jean-Marie, Prof. Dr. Sibomana und seine Frau begrüßten mich. Erstmals wurde ich nicht in ein Hotel gebracht, sondern wohnte »privat« bei den Sibomanas. Das Paar hatte ein Zimmer ihrer Wohnung der Hilfsaktion als Büroniederlassung überlassen und bekam dafür eine kleine Miete. Es machte durchaus Sinn, dass ich dieses Zimmer als Quartier benutzte, denn ich war insgesamt nur zehn Tage in Niger. Wir redeten fast die ganze Nacht und auch am kommenden Sonntag ging uns der Gesprächsstoff nicht aus.

Gleich am Montagmorgen stand das Nationalkrankenhaus auf unserer Besuchsliste. Dr. Sibomana und ich trafen Frau Dr. Paraiso und einen weiteren Chirurgen. Feierlich übergaben sie mir eine Liste, auf der Medikamente und kleinere Gerätschaften standen, die für eine Operationskampagne angeschafft werden müssten. Die Liste war lang – das hatte ich so nicht erwartet. Aber um ehrlich zu sein, hatte ich auch noch keine Ahnung, was alles gebraucht werden würde.

»Das müssen wir doch nicht alles aus Deutschland hierher schaffen?«, fragte ich vorsichtig.

»Ich denke schon«, antwortete Dr. Paraiso.

Nun war mir schon klar geworden, warum die OP-Teams von *INTERPLAST Germany e. V.*, die solche Aktionen regelmäßig machten, immer schwer bepackt zu ihren Operationsreisen aufbrachen. Aber auf Dr. Paraisos Liste standen selbst so banale Dinge wie Nahtmaterial.

»Kann man denn in Niger gar nichts davon kaufen?«, hakte ich nach.

Dr. Paraiso schüttelte den Kopf: »Die Nationalapotheke hier in Niamey ist quasi leer. Und wenn es Medikamente gibt, dann sind das häufig minderwertige Präparate, die aus Nigeria kommen. Da kann man sich nie sicher sein, wie viel Wirkstoff da wirklich drin ist.«

Ich war erschüttert. »Aber Nahtmaterial zum Verschließen von Wunden, das haben Sie doch – oder?«

Dr. Sibomana hielt mich ein bisschen zurück. Es gilt in muslimisch geprägten Ländern als extrem unhöflich, sein Gegenüber so in die Enge zu treiben.

Frau Dr. Paraiso war es sichtlich unwohl in ihrer Haut. »Na ja«, begann sie zögerlich, »für Noma-Patienten würde das, was wir haben, nicht reichen. Wir verwenden häufig künstliche Haare, um Wunden zu schließen.«

Ich war sprachlos. Es tat mir leid, dass ich die engagierte Ärztin so in Bedrängnis gebracht hatte. In Gedanken notierte ich: »Importregelungen für Medikamente mit der Deutschen Botschaft besprechen«.

Auf unserem Bauplatz hinter dem Krankenhausgelände war noch nicht allzu viel passiert. Mit dem Bau sollte im Sommer begonnen werden. Man hatte mir versprochen, dass bis zur ersten OP-Kampagne im Herbst alles fertig wäre.

Das Kinderhaus in Tahoua

Zwei Arbeitstage in Niamey mussten bei dieser Reise ausreichen, um aller Bürokratie Genüge zu tun. Mein Hauptziel war das neue Kinderhaus in Tahoua. Prof. Dr. Sibomana hatte allerlei Termine vereinbart und sich zudem auf die Suche nach einem Kameramann gemacht, der uns ins Umland begleiten sollte. Und dann wollten wir natürlich – voller Stolz – vor der Kamera unser neues Kinderhaus zeigen. Für mich persönlich war es ein erster Meilenstein für unser Engagement in Niger.

Es war die Woche vor Ostern. Wir hatten für 16 Uhr ein Treffen mit Dr. Jean-Marie im Haus der GTZ vereinbart. Da wir früher als erwartet vor Ort waren, beschloss ich kurzum, dem neuen Kinderhaus einen unangekündigten Besuch abzustatten. Ich hatte keine Kontrolle im Sinn, vielmehr war ich unendlich neugierig: Ich wollte das Haus sehen, von dem Dr. Jean-Marie so wortreich erzählt hatte.

Unser Kinderhaus lag in einer netten Wohngegend, in der sich ein Einfamilienhaus ans nächste reihte. Alle waren von kleinen Gärten umgeben und hatten eine Garage. Als wir vor dem Haus vorfuhren, war es erstaunlicherweise sehr ruhig. Rund um ein Kinderhaus hatte ich etwas mehr Trubel erwartet. Es war um die Mittagszeit, und als Dr. Sibomana und ich aus dem Auto stiegen, war es brütend heiß. Deshalb machten wir uns schnellen Schrittes auf den Weg zum Haus. Die Tür war verschlossen. Niemand zu Hause? Nun gut, unser Treffen mit Dr. Jean-Marie war erst in zwei Stunden, vielleicht war er ja unterwegs. Sibomana und ich lauschten – und hörten rein gar nichts. Keine Stimmen, kein Lachen, kein Weinen. Wir schauten uns verwundert an.

Plötzlich sagte Sibomana: »Da! Haben Sie das gehört?«
Ich legte mein Ohr an die Tür: »Nein, ich höre nichts.«
»Doch, doch, doch, ich hör' was,« flüsterte Dr. Sibomana
aufgeregt. »Aber das kommt nicht aus dem Haus, das kommt
aus der Garage.«
Mit wenigen Schritten waren wir bei der Garage und Leo
Sibomana öffnete das Tor. Was wir dort sahen, ließ unseren
Atem stocken. Zuerst stieg uns ein fauliger Gestank in die
Nase, es war ein beißender Fäulnisgeruch. Als sich unsere
Augen an die Dunkelheit gewöhnt hatten, sahen wir zwölf
Kinder, die an der Garagenwand angelehnt saßen und uns
mit vor Angst geweiteten Augen anschauten. Durch die un-
erwartete Frischluftzufuhr stoben Heerscharen von riesigen
Moskitos von den Kindern auf. Dr. Sibomana fasste sich als
Erster von uns beiden – beschwichtigend redete er in Hausa
auf die Kinder ein.
In die Schockstarre dieser grauenvollen Szenerie ertönte
plötzlich hinter uns eine hohe Frauenstimme. Sie schimpf-
te auf uns ein, doch ich verstand kein Wort. Wer Prof. Dr.
Sibomana kennt, der weiß, dass laute Töne nicht seine Art
sind. Jetzt aber brüllte er die Frau an, die sich daraufhin zu
entschuldigen schien und mit ihren Einkäufen beladen die
Haustür aufschloss. Es handelte sich offensichtlich um die
Hausmutter, die Dr. Jean-Marie engagiert hatte.
Zuallererst schafften wir die Kinder aus der Garage ins
Haus. Im kühlen Wohnzimmer offenbarte sich das schiere
Grauen. Die Kinder waren über und über mit Mückenstichen
übersät, an denen sich teils kleine eitrige Geschwüre gebildet
hatten. Der penetrante Geruch war uns von der Garage ins
Haus gefolgt. Heute weiß ich, dass dieser Gestank von den

offenen Noma-Wunden ausgeht, wenn das Gewebe nekrotisiert, also abstirbt.

Dr. Sibomana wies die Hausmutter an, die Kinder mit Wasser und Nahrung zu versorgen. Danach setzte sie sich widerwillig zu uns an den Esstisch und wurde einem strengen Verhör unterzogen. Es stellte sich heraus, dass die Kinder stets in der Garage untergebracht wurden und Dr. Jean-Marie allein das Haus bewohnte. Ich war entsetzt. Konnte es sein, dass der scheinbar so engagierte Dr. Jean-Marie mich so getäuscht hatte? War es wirklich so, dass er diese Kinder aus den Dörfern von den Familien wegholte, nur um sie hier im Kinderhaus in einer Garage unterzubringen?

Bevor wir das Haus verließen, bekam die Hausmutter strenge Anweisungen, wie sie hier weiterarbeiten sollte. Da inzwischen auch der Wächter des Hauses zurückgekehrt war, nahmen wir auch diesen mit in die Pflicht. Dr. Sibomana und ich fuhren einstweilen zum Gästehaus der GTZ, wo wir auf unseren Doktor warteten. Und wir warteten lange. Geschlagene zwei Stunden zu spät öffnete sich die Tür und Dr. Jean-Marie kam herein. Freundlich lächelnd reichte er mir die Hand und begrüßte uns überschwänglich. Offensichtlich war er sich keiner Schuld bewusst.

Allein mein Tonfall hätte ihn stutzig werden lassen müssen: »Wieso lassen Sie uns hier zwei Stunden warten?«, wollte ich ohne Umschweife von ihm wissen. »Und wo waren Sie eigentlich?«

Mein ungewohnt scharfer Ton wurde sofort mit einem entschuldigenden Lächeln quittiert: »Excuse moi, ich komme aus der Kirche. Es ist doch Karwoche und da gehört es sich für einen guten Katholiken, zum Gottesdienst zu gehen.«

Das wäre an sich auch vollkommen in Ordnung gewesen, wenn er uns von seinem Vorhaben, in die Kirche zu gehen, informiert hätte. Aber nun uns gegenüber einfach die Glaubenskarte auszuspielen, war ein Fehler.

»ICH weiß, was die Karwoche ist, und ICH weiß auch, dass es an einem Mittwoch vor Ostern keinen speziellen Grund gibt, den Gottesdienst zu besuchen.«

Dr. Sibomana versuchte, das Gespräch auf eine sachliche Ebene zu bringen. Er sagte: »Wir haben das Kinderhaus besucht.«

Dr. Jean-Marie stutzte: »Ah, okay.«

»Und was glauben Sie, was wir dort gefunden haben?«

Jetzt war ich nicht mehr zu bremsen: »Zwölf Kinder in der Garage eingesperrt! Ja, sind Sie denn wahnsinnig?«

Dr. Jean-Marie setzte zu einer Entschuldigung an, doch so weit ließ ich es gar nicht kommen: »Sie sind gekündigt!«

Ich sagte ihm, dass ich den Arbeitsvertrag mit ihm umgehend auflösen werde und dass ich mit ihm auch nicht mehr zusammenarbeiten möchte. Dr. Jean-Marie war sichtlich geschockt. Er hatte tatsächlich gedacht, ich käme nicht an ihm vorbei. Da hatte er sich allerdings getäuscht. Zwar musste ich jetzt auf die Schnelle einen neuen Leiter für das Kinderhaus finden, aber eine schlechtere Wahl als diesen Arzt gab es kaum. Ich verbot ihm, ins Kinderhaus zurückzukehren – und wenn, dann nur, um seine Sachen zu packen. Er würde mit uns nach Niamey zurückreisen und dann den Auflösungsvertrag unterschreiben.

Am nächsten Morgen fuhren Dr. Sibomana und ich zum Kinderhaus und besprachen alles mit der Hausmutter und dem Wachpersonal. Wir versprachen, so schnell es ging, einen neuen Leiter zu schicken.

Die Kinder hatten von all den Problemen nichts mitbekommen. Sie waren froh, nicht mehr in der Garage sitzen zu müssen. Die Räume des Kinderhauses nahmen sie für sich in Beschlag und wir verließen eine laute, umtriebige Kinderschar. Wir alle waren über diesen Ausgang unendlich glücklich.

Im Anschluss daran trafen wir einen Kameramann, der in Tahoua lebte, und fuhren mit ihm und zwei Noma-Kindern, Massaoudou und Fatima, hinaus in die Dörfer. Massaoudou war schrecklich entstellt. Die Noma hatte ihm von den Augen abwärts das Gesicht förmlich »weggefressen«. Er sollte zusammen mit mir nach Deutschland fliegen, um in Regensburg und Wien operiert zu werden. Dazu – für die Ausstellung des Passes und des Visums – brauchte ich noch die Genehmigung seiner Eltern und des Dorfältesten.

Als wir schließlich gemeinsam mit Massaoudou und Dr. Jean-Marie nach Niamey zurückfuhren, war es bereits Karfreitag. Der Junge kam dort sofort ins Nationalkrankenhaus, um für den Flug nach Deutschland noch ein wenig aufgepäppelt und entwurmt zu werden. Quasi als letzte Amtshandlung kümmerte sich Dr. Jean-Marie dort um ihn, während ich mich um die Formalitäten kümmerte. Anschließend mussten wir noch die Nachfolge für Tahoua regeln. In seiner bescheidenen Art machte Prof. Dr. Sibomana einen Vorschlag: »Ich habe da eine Studentin. Sie heißt Fati Mamoudou. Sie stammt aus Tahoua und hat bei mir gerade ihren Universitätsabschluss gemacht. Soviel ich weiß, hat sie gerade keinen Job. Soll ich sie mal fragen?«

Und so kam Fati zu uns und wurde Leiterin des Kinderhauses in Tahoua.

Massaoudou fliegt nach Deutschland

Der Ostersonntagabend kam viel zu schnell. Diesmal flog ich nicht allein, Massaoudou sollte mich begleiten. Seine schrecklichen Wunden waren für den Flug unter sauberen Verbänden verborgen. Schon in den letzten Tagen hatte ich beschlossen, dass wir – also die Familie Winkler-Stumpf – Massaoudou für die Operationsphase bei uns aufnehmen würden. Zwar hatte ich von der Medizin und den Operationstechniken noch wenig Ahnung, doch ich wusste, dass ich ihn keiner anderen Gastfamilie zumuten konnte. In der Tat hing das Leben dieses Kindes am seidenen Faden und es würde die hohe Schule der plastischen Chirurgie vonnöten sein, um ihm ein halbwegs ansehnliches Gesicht zu geben.

Erst auf dem Rückflug dachte ich wieder an Binia. Durch die sich überstürzenden Ereignisse auf dieser Reise hatte ich keine Zeit gehabt, ihn zu besuchen. Aber es war ja nicht mehr lange und dann würde er uns besuchen kommen. Massaoudou würde, wenn er nicht gerade im Krankenhaus war, ebenfalls in Binias Zimmer wohnen. Dort stand immer noch Vascos altes Stockbett und das bot Platz für zwei Jungs.

Ich hoffte auf diesem Rückflug inständig, dass mir mit Massaoudou – er war laut Pass 14 Jahre alt – nicht das Gleiche passieren würde wie mit Binia. Dass sein Aufenthalt in Deutschland länger dauern würde, war jetzt schon klar. Andererseits hatte er eine gute, liebevolle Familienstruktur in Niger, sodass seine Reintegration hoffentlich einfacher sein würde. Ich war jedenfalls fest entschlossen, nicht noch einen Jungen »heimatlos« werden zu lassen.

Zu den Familienstrukturen in Niger muss man wissen, dass diese durch zwei Faktoren wesentlich geprägt sind. Das ist zum einen die Religion, nämlich der Islam, und zum anderen (ich nenne es mal so) das Nomadendasein der Landbevölkerung.

Der Islam erlaubt es den Männern, mehrere Frauen zu haben, wenn sie es sich denn leisten können. Das ist dort normal. Mit dem »Es-sich-leisten-Können« wiederum ist man relativ flexibel. Bei der nigrischen Landbevölkerung gilt es als Minimalanforderung, dass jede Frau eine eigene Hütte hat. Der Mann hat keine eigene, er wohnt abwechselnd bei seinen Frauen.

Als »heiratsfähig« gelten Mädchen ab dem zwölften Lebensjahr. Auch wenn uns dies aus unserer europäischen Perspektive viel zu früh erscheint, sind arrangierte Ehen auch in so jungen Jahren in Niger üblich. Zudem ist die Geburtenrate in Niger so hoch wie nirgendwo sonst auf der Welt. Einige Frauen gebären bis zu 16 Kinder – dass dabei nicht alle Babys überleben, ist leider fast normal. Jede Familie, oder besser gesagt jede Frau, hat durchschnittlich sechs bis acht Kinder. Diese werden in der Gemeinschaft großgezogen. Es gibt ein schönes afrikanisches Sprichwort, das besagt: »Es braucht ein ganzes Dorf, um ein Kind zu erziehen.« In Niger kann man das ganz wörtlich nehmen.

Nun ist es aber auch so, dass viele Menschen, die auf dem Land leben, ein nomadenhaftes Leben führen. Teils handelt es sich um richtige Nomaden, wie die Tuareg, die mit ihren Kamelen durch die Wüste ziehen. Andere Stämme sind manchmal gezwungen, dorthin zu gehen, wo es Arbeit gibt. Dafür ist Binias Vater ein gutes Beispiel. Dort, wo er wohnt und wo Binia geboren wurde, gibt es keine Arbeit – nur die auf den Feldern. Bleibt die Regenzeit aus, fällt die Ernte aus – und um zu überleben, ziehen überwiegend die Männer als Saisonarbeiter dorthin, wo es Arbeit gibt. Für die Kinder bedeutet das, dass sie dort bleiben, wo die Mutter ist. Manchmal jedoch bleiben sie auch bei Verwandten oder ziehen mit diesen weg, wenn es am Geburtsort kein Auskommen mehr gibt.

Auch Scheidungen sind in diesem Kulturkreis nichts allzu Ungewöhnliches. Darüber, wer das Sorgerecht für die Kinder bekommt, macht man sich keine großen Gedanken. Im Normalfall leben die Kinder die ersten sieben Jahre bei der Mutter. Danach ziehen sie zum Vater.

Insofern ist der Begriff »Heimat«, so wie wir ihn kennen und interpretieren, relativ. Es hat wenig mit Geborgenheit nach unserem Verständnis zu tun. Nur selten sieht man in der Öffentlichkeit Mütter, die besonders liebevoll mit ihren Kindern umgehen. Das liegt allerdings daran, dass Gefühle und Zuneigung zu zeigen, in diesem Kulturkreis eine höchst private Angelegenheit ist und deshalb nur hinter verschlossenen Türen, beispielsweise in der eigenen Hütte, stattfindet.

All das wusste ich zu Beginn meiner Arbeit in Niger nicht. Ich habe es aber gelernt – und respektiere es.

Spenden sammeln

Im Laufe der Jahre habe ich eine gewisse Routine und – ohne mich selbst loben zu wollen – Geschicklichkeit im Formulieren von Briefen entwickelt. Während noch im Herbst und Winter 1995/1996 die Suche nach qualifizierten Ärzten im Mittelpunkt stand, so ging es im Frühling und Sommer 1996 zumeist ums Geld. Parallel zu der Suche nach Gastfamilien in ganz Deutschland mussten auch Gelder bereitgestellt werden, um die Operationsaufenthalte der Noma-Kinder hier vor Ort zu finanzieren.

Fühlten wir uns im März 1995 noch fast davon überfordert, zwei Kinder nach Regensburg zu holen, um sie hier operieren zu lassen, so spielten wir im Jahr darauf bereits in einer ganz anderen Liga. In regelmäßigen Abständen kamen kleine Gruppen von fünf bis sechs Kindern in Deutschland an und wurden nach sechs bis zwölf Wochen nach Niger zurückgebracht.

Parallel dazu arbeitete ich die »Wunschliste« von Frau Dr. Paraiso ab und schrieb förmlich Bettelbriefe an Pharmakonzerne, Hersteller von medizinischen Geräten und Zubehör. Auch die Transportkosten von Menschen und Materialien mussten verhandelt werden. Auf wundersame Weise fügte sich jedoch eins zum anderen.

In diese aufreibende Frühsommerzeit mischten sich Sorgen, wie es mit Massaoudou weitergehen würde. Verschiedene Ärzte und Experten hatten sich den Jungen angeschaut und die Prognose für die Anzahl der notwendigen Operationen lag bei 50.

Um auch Binias nächsten Aufenthalt in Regensburg sinnvoll zu gestalten, nahm ich Kontakt zu Dr. Sigmund Ziegler, einem Kieferorthopäden, auf. Er hatte die Röntgenbilder von Binias Gebiss begutachtet und kam zu der Erkenntnis, dass es wohl mit der Dauer eines »Urlaubs« nicht getan war, um den Schaden zu regulieren.

Endlich zeigte auch *stern TV* wieder Interesse an unserem Engagement. Als fünf Kinder im Juni auf dem Flughafen in Frankfurt/Main landeten, war die Filmkamera mit dabei. Schlussendlich sollte aber Massaoudou die Hauptrolle spielen, dazu brauchte es jedoch noch ein wenig Zeit.

Viele Untersuchungen, bis hin zu einem Modell des Kopfes, waren für die Planungen der Operationen für Massaoudou notwendig. Das alles erwies sich als besonders zeit- und geldaufwendig. Ich selbst war darüber hinaus auch noch damit beschäftigt, alle Kinder gut in Familien unterzubringen und zu betreuen.

Niger 1996, die Dritte

Durch all die Wirrungen und Verpflichtungen wurde es fast Ende August, bis ich zum dritten Mal in diesem Jahr nach Niger reiste. Auf meinem Flug dorthin war ich nicht allein. Ich flog mit fünf operierten Noma-Kindern zusammen nach Afrika. Eines davon, nämlich die kleine Oumoulkairou, stammte aus einem Dorf in der Nähe von Niamey und sollte direkt am Flughafen ihren Eltern übergeben werden. Die anderen vier würden die ersten Gäste im neuen Noma-Pavillon am Nationalkrankenhaus sein. Die Pläne, die ich im Januar mitgebracht hatte, waren inzwischen umgesetzt worden. Schlussendlich war es auch Dr. Sibomana zu verdanken, dass alles rechtzeitig fertig geworden war. Die Kinder sollten zwei Tage später mit mir nach Tahoua fahren, um von dort aus wieder zurück zu ihren Familien gebracht zu werden.

Bei der Landung in Niamey war Oumoulkairou sehr aufgeregt. So ein Wiedersehen am Flughafen war schon etwas Besonderes. Umso größer war die Enttäuschung, als niemand von der Familie gekommen war. Auf meiner persönlichen Lernliste vermerkte ich: »Nie einem Kind etwas versprechen, das du nicht zu 100 Prozent einhalten kannst.« Einzig Prof. Dr. Sibomana wartete auf uns im Ankunftsbereich.

Nachdem Oumoulkairous Eltern nicht zum Flughafen gekommen waren, mussten wir das Kind persönlich zu Hause
abgeben. Doch dort, wo die Familie wohnte, war niemand.
Nur ein Onkel, der gleich nebenan lebte, war daheim. Der
Vater, so erklärte er uns, sei unterwegs – was auch immer
das bedeuten sollte. Und die Mutter sei noch bei Verwandten
in ihrem Heimatdorf – weit weg von Niamey jedenfalls. Oumoulkairou klammerte sich an mich. Dort wollte das Kind
nicht bleiben.

Erst als der Onkel versprach, Oumoulkairou am nächsten
Tag zur Mutter zu bringen, beruhigte sich die Kleine allmählich wieder und schlief auf meinem Schoß ganz erschöpft
ein. Sibomana erklärte dem Onkel nachdrücklich, dass die
Behandlung des Kindes noch nicht abgeschlossen sei und
dass es regelmäßig seine Übungen machen müsse. Er erhielt genaue Anweisungen, wie das aussehen müsste, und
dass für die völlige Genesung die Mithilfe der Familie erforderlich sei.

Ich ergänzte meine persönliche Lernliste um einen weiteren Punkt: »Bereits vor der Ausreise der Kinder die Familiensituation checken.«

Auf dem Weg zum neuen Noma-Pavillon am Nationalkrankenhaus versprach mir Dr. Sibomana, eine Woche nach meiner Abreise nochmals bei der Familie der kleinen Oumoulkairou vorbeizuschauen.

Bei unserer Ankunft am Nationalkrankenhaus war es bereits dunkel geworden, sodass ich nicht viel von den neu errichteten Gebäuden sehen konnte. Aber alles, was ich sah,
entsprach voll und ganz meinen Erwartungen. Auf dem Weg
zum Hotel war ich erschöpft und müde: »Morgen ist auch
noch ein Tag«, dachte ich.

Termine, Termine, Termine

Am Montagmorgen war ich schon sehr aufgeregt. Zum ersten Mal würde ich den neu gebauten Noma-Pavillon bei Tageslicht sehen. Vor Ort erwartete mich schon ein kleines Empfangskomitee mit Vertretern des Bauunternehmens, der Architekten und des Krankenhauses. Ich war auch im Hellen sehr zufrieden mit dem, was ich sah. Und ich schaute ganz genau hin. Die wenigen Kleinigkeiten, die es noch zu tun gab, sollten bis Mittwoch erledigt werden. Für den folgenden Freitag war nämlich die offizielle Übergabe vorgesehen.

Bei meinem nächsten Stopp beim Gesundheitsministerium mussten noch zusätzliche Dokumente unterzeichnet werden. Unter anderem waren es Unterlagen, die die *Hilfsaktion Noma e. V.* auch in Niger offiziell anerkannten. Alles zusammen bildete die Legitimation für unsere Arbeit vor Ort.

Als Nächstes stand ein Treffen mit der neuen GTZ-Mitarbeiterin in Niamey auf dem Plan. Zwar hatten wir mittlerweile ein Fahrzeug, aber wir bekamen dafür keine Zulassung. Man versprach uns Unterstützung und bot uns nochmals ein GTZ-Fahrzeug für die Fahrt nach Tahoua an.

Anschließend fuhr ich in die Deutsche Botschaft, wo man mich darauf aufmerksam machte, dass die OP-Teams, die vom 1. bis zum 15. November nach Niamey kommen würden, um dort zu operieren, noch keine Arbeitsgenehmigungen hatten. Diese mussten wiederum von der nigrischen Ärztekammer und von der Regierung erteilt werden. Es war zum Verrücktwerden.

Zum Abendessen schließlich traf ich den GTZ-Mitarbeiter aus Tahoua im Hotel »Les Roniers«. Er bot mir spontan an, mich bei der Rückführung der operierten Kinder zu ihren Familien zu unterstützen. Ich war unendlich dankbar dafür.

Zum Kinderhaus nach Tahoua

Nach dem Desaster rund um das Kinderhaus in Tahoua an Ostern machte ich mich mit gemischten Gefühlen auf die erneute Reise dorthin. Leo Sibomana und die vier operierten Noma-Kinder begleiteten mich. Anders als bei meinem letzten Besuch dort herrschte um das Haus herum fröhliches Treiben. Kinder sprangen durch den Garten und erwachsene Besucher saßen im Schatten auf einer Bank.

Kaum waren wir aus dem Auto gestiegen, erschien eine hoch gewachsene, bildschöne Afrikanerin in der Haustür. Sie trug ein farbenfrohes, bodenlanges Kleid und hatte ihre Haare zu kleinen Zöpfen geflochten und am Kopf festgesteckt. Ich war beeindruckt. Fati Mamoudou, die neue Leiterin des Kinderhauses, war eine eindrucksvolle Erscheinung. Sie führte die Kinder und uns ins Wohnzimmer, wo bereits die Mutter von Aichatou, einer der operierten Noma-Patienten, mit deren Geschwistern wartete. So hatte ich mir das vorgestellt!

Rasch erklärte Fati, dass die anderen Eltern nicht hätten kommen können. Die Reise von entfernteren Dörfern nach Tahoua war einfach zu kostspielig. Mit dem Vater von Adamou, der in Tahoua wohnte, hätte sie verabredet, den Jungen persönlich vorbeizubringen. Und die anderen beiden – Fatima und Rabi – sollten einstweilen im Kinderhaus bleiben, bis ein Mitarbeiter der GTZ sie am Donnerstag zu deren Eltern begleiten würde. Mir schien, Fati hatte alles im Griff.

Prof. Dr. Sibomana lächelte zufrieden, schließlich hatte er Fati für diesen Job empfohlen.

Nachdem die Kinder versorgt und Aichatou samt Anhang nach Hause gegangen war, setzte ich mich mit Dr. Sibomana und Fati zusammen an den großen Esstisch. Wir erklärten ihr den Umgang mit dem keilförmigen Stück Hartgummi, das an die Mundöffnung individuell angepasst und zugeschnitten wird, um den Kiefer zu lösen und die Mundöffnung zu trainieren. Darüber hinaus beantworteten wir all ihre klugen Fragen. Ich erklärte ihr dann auch noch, worauf sie in Bezug auf den Papierkram in Zukunft achten müsse.

»Wir müssen bereits vor der Ausreise der Kinder die Familiensituation dokumentieren. Davon wird abhängig sein, wie lange die Kinder nach ihrer Rückkehr nach Afrika noch im Kinderhaus bleiben, oder ob sie gleich nach Hause dürfen«, erklärte ich Fati.

Sie nickte verständnisvoll und ließ mich weitersprechen.

»Ich habe eine Kamera und Filme mitgebracht. Ich möchte, dass Sie einmal im Monat die operierten Kinder zu Hause besuchen und Fotos von ihnen machen. Wir müssen die Fortschritte sorgsam dokumentieren.«

Fati ließ all die Belehrungen und Anweisungen freundlich über sich ergehen. Als es um das Thema Nachsorge ging, wurde Fati lebendig: »Wissen Sie, viele Kinder sind, wenn sie nach der Operation nach Hause zurückkommen, schon zu alt für die Einschulung. Aber hier in Tahoua gibt es eine experimentelle Schule, die keine Altersgrenze für die Einschulung hat.«

Jetzt waren wir beim richtigen Thema. Ich kannte dieses Schulmodell von Matamèye, wo Binia zur Schule ging. Dort wurde als Eingangssprache Hausa unterrichtet. In den anderen Schulen war die erste Unterrichtssprache gleich eine Fremdsprache, nämlich Französisch. An sich eine gute Idee, doch ich wollte abwarten, welche Erfahrungen Binia mit dieser Schulform machen würde, bevor ich mich weiter dafür engagierte.

Als sich unser Gespräch dem Ende zuneigte, sagte Fati, sie hätte da noch ein Anliegen: »Die Leute im Krankenhaus hier in Tahoua sind sehr unfreundlich. Immer wieder habe ich Probleme, wenn ich mit Kindern dorthin komme, um sie behandeln zu lassen. Insbesondere der Zahnarzt ist sehr unkooperativ.« Dr. Sibomana und ich versprachen, uns gleich darum zu kümmern. Ein Besuch beim Klinikleiter stand ohnehin noch auf unserer Tagesordnung. Wir hatten das Bezirkskrankenhaus in Tahoua bei unserem Besichtigungsmarathon während unserer ersten Niger-Reise für Noma-Operationen ausgeschlossen, da es weder über die nötigen Mittel verfügte noch noch ausreichend steril war. Allerdings gingen unsere kleinen Patienten dort zur Nachsorge hin – eine andere Möglichkeit hatten sie nicht in Tahoua. Zudem war es Teil unseres Abkommens mit der Regierung, dass unsere Noma-Patienten dort kostenfrei versorgt werden konnten.

Während es an der Tür klopfte und eine ältere, sichtbar an Noma erkrankte Frau vor der Tür stand, machten Dr. Sibomana und ich uns gleich ein Bild davon, wie Fati mit den Patienten umging. Wir waren sehr zufrieden damit – und fuhren ins Krankenhaus.

In der Klinik in Tahoua hatten wir ein Treffen mit dem Klinikleiter Dr. Hamet Hamad. Nach höflichen Begrüßungsritualen kam ich schnell auf den Punkt. Laut meinem Abkommen mit der nigrischen Regierung waren die staatlichen Kliniken angehalten, uns in medizinischen Belangen zu helfen. Dr. Hamad schlug vor, dass wir dieses Übereinkommen nochmals schriftlich in einer Vereinbarung festhalten sollten, sodass er gegenüber seinen Ärzten und gegenüber dem Gesundheitsministerium etwas hätte, worauf er sich berufen könnte. Sibomana bot an, das in die Wege zu leiten.

Schon eine Stunde später waren wir wieder im Kinderhaus. Fati hatte inzwischen die Aufnahme der älteren Noma-Patientin beendet und fragte uns, ob wir sie nicht bei der geplanten Operationskampagne in Niamey mit aufnehmen könnten.

»Das machen wir«, beschloss ich spontan. »Und wenn dann die Ärzteteams ohnehin in Niamey sind, dann können wir die Nachsorge für unsere kleinen Patienten gleich mit erledigen lassen.«

Fati gefiel mir immer besser und ich hoffte inständig, dass sie uns noch lange erhalten bliebe.

Ein Wiedersehen mit Binia

Am darauffolgenden Morgen fuhren Leo Sibomana und ich nach Matamèye. Es sollte eigentlich nur eine kurze Stippvisite werden, um Binia für seine Ferien in Deutschland abzuholen. Aus diesem Grund hatte Dr. Sibomana unseren Besuch beim Schuldirektor auch telefonisch angekündigt. Das war ein Fehler, wie sich im Nachhinein herausstellen sollte.

Unbedarft und gut gelaunt trafen wir in Matamèye ein. Im Haus des Schuldirektors war niemand zu Hause. Wobei »niemand« nicht ganz stimmte, die Ehefrau öffnete uns verwundert die Tür. Ihr Mann, erklärte sie, sei nicht zu Hause und Binia auch nicht. Sie bat uns höflich, Platz zu nehmen.

Ich schaute mich um. Hier war nichts so, wie es die blumigen Beschreibungen des Schuldirektors suggeriert hatten. Das Haus war mehr Hütte als Haus. Sanitäranlagen, also ein Bad oder eine Toilette, gab es nicht. Lediglich ein Loch in der Erde hinter dem Haus war da, um die Notdurft zu verrichten. Mit den Worten »Sie kommen bestimmt bald« verschwand die Frau des Hauses in die Küche, während wir auf »heißen Kohlen« saßen. Nach einer gefühlten Ewigkeit bat ich Leo Sibomana, sie herzuholen – schließlich konnten wir hier nicht ewig tatenlos herumsitzen. Wir nahmen sie also ins Kreuzverhör. Schlussendlich gab sie zu, dass ihr Mann so bald nicht kommen würde und dass er Binia schon vor einiger Zeit zurück in sein Dorf gebracht hatte. Umgehend schickte ich Dr. Sibomana los, einen geländegängigen Wagen zu besorgen. Jetzt rannte uns die Zeit in der Tat davon.

Gefühlte Stunden später tauchte er mit einem klapprigen, 30 Jahre alten Land Rover Pick-up auf, bei dem die Fenster fehlten. Etwas anderes, so erklärte er, habe er nicht auftreiben können. Während ich neben unserem Fahrer auf dem Beifahrersitz Platz nahm, kletterte Leo Sibomana auf die Ladefläche und so fuhren wir nach Gomba Saboua. Jetzt war ich froh, dass ich mir bei meinem letzten Besuch den Weg dorthin aufgeschrieben hatte. Es war trotzdem eine Horrorfahrt, auch wenn wir uns diesmal nicht so oft verfuhren wie die Male zuvor. Auf der trockenen Piste kamen wir schnell voran. Allerdings wirbelten wir auch viel Staub auf und dieser drang durch die nicht vorhandenen Fenster ins Fahrerhaus. Dr. Sibomana war auf der Ladefläche dem roten Sand ohnehin schutzlos ausgeliefert.

Endlich kamen wir im Dorf an. Wir fanden Binia total zerlumpt und apathisch an einen Zaun gelehnt. Es war für mich unerträglich, ihn so zu sehen. Glücklicherweise war sein Vater da und konnte uns erzählen, was passiert war: »Der Schuldirektor hat Binia schon vor Wochen zurückgeschickt.« Viel mehr musste ich nicht wissen. Wieder einmal hatte ich dem falschen Menschen vertraut. All die schönen Briefe waren nichts als Lügen gewesen. Das vorab gezahlte Schulgeld und die Nahrungsmittelzuschüsse waren schnurstracks in die Taschen des Direktors gewandert.

Ich hatte jedoch keine Zeit, wütend zu sein. Vielmehr ließ ich Leo Sibomana fragen, ob der Vater mit uns nach Zinder kommen würde. Dort im Zentrum von *Sentinelles* war nämlich Binias Pass, den wir für die Ausreise benötigten. Der Vater war nur allzu freudig bereit, uns auf der Fahrt dorthin zu begleiten. Rasch zog er sich um und wir fuhren zusammen nach Zinder.

Mit dem letzten Tageslicht erreichten wir das Noma-Zentrum von *Sentinelles*. Diesmal begrüßte uns Mamoudou, der neue Leiter der Station. Für afrikanische Verhältnisse war er ein Riese, und durch seine Körperfülle wirkte er wie ein großer Bär. Er war freundlich, aber bestimmt: »Ich weiß von nichts. Und ich habe auch keine Erlaubnis, Ihnen irgendetwas auszuhändigen.«

In einer längeren Diskussion zwischen Dr. Sibomana und Mamoudou konnten wir uns darauf einigen, dass er bis morgen früh mit der Zentrale in der Schweiz Kontakt aufnehmen würde.

Die Nacht verbrachten wir in einer Art Hotel. Schlussendlich war das auch schon egal, ich jedenfalls bekam in dieser Nacht ohnehin kein Auge zu.

Binia braucht seinen Pass

Am nächsten Morgen standen wir schon frühmorgens im *Sentinelles*-Zentrum vor der Tür. Mamoudou öffnete uns höchstpersönlich, doch sein Gesichtsausdruck ließ nichts Gutes ahnen. Er wirkte entschlossen. Obwohl es für einen Afrikaner ungewöhnlich ist, kam er ohne Umschweife auf den Punkt:»Die Zentrale erlaubt nicht, dass der Pass an Sie ausgehändigt wird.«

Doch da Binias Vater wollte, dass sein Sohn mit uns gehen konnte, entschied ich mich, nicht lange zu diskutieren, sondern machte mich auf den Weg in die Präfektur. Dort kümmerte sich der Präfekt höchstpersönlich um unser Anliegen und dadurch ging für afrikanische Verhältnisse alles ziemlich schnell: Binias Vater erklärte vor Zeugen, dass er seine Fürsorge für Binia vorübergehend auf mich beziehungsweise die Hilfsaktion Noma übertrug. Diese Willenserklärung wurde schriftlich festgehalten und bekam Brief und Siegel. Das Schreiben war so verfasst, dass er damit auch der Ausreise von Binia nach Deutschland zustimmte. In einem nächsten Schritt erklärte uns der Präfekt, dass der Pass Eigentum des Staates Niger sei und er jetzt gleich Polizisten ins *Sentinelles*-Zentrum schicken werde, um dort den Pass abholen zu lassen. Am besten wäre es, wenn Binias Vater mitfahre. Zur Not müssen die Polizisten den Pass beschlagnahmen.

Während Binia mit mir in einem Restaurant wartete, fuhren Dr. Sibomana und Binias Vater mit der Polizei zum *Sentinelles*-Zentrum. Knapp eine Stunde später tauchten die beiden Männer wieder auf, den Pass hatten sie bekommen.

»Jetzt wird alles gut«, sagte ich und Binia grinste zum ersten Mal in den letzten 24 Stunden breit übers ganze Gesicht.

»Nach Hause?«, fragte er.

»Ja«, antwortete ich, »du kommst mit mir nach Hause.«
Zufrieden und glücklich stiegen wir alle in ein – neu gemietetes – Auto und machten uns auf die Rückreise nach Niamey. Binias Vater begleitete uns noch ein Stück, bis er in der nächsten Stadt in ein Busch-Taxi umstieg, um wieder in sein Dorf zurückzufahren.

Mit einem Tag Verspätung trafen wir wieder in Niamey ein. Die Eröffnung des Noma-Pavillons am Nationalkrankenhaus hatte ohne mich stattgefunden.

Zurück nach Hause

Fati war schon am Vortag mit den vier Kindern aus Tahoua gekommen, die Binia und mich nach Deutschland begleiten sollten. Die Kleinen hatten die Nacht im neuen Noma-Pavillon verbracht. Zum Frühstück kam Fati ins Hotel und berichtete, dass die Rückführung der anderen Patienten zu ihren Familien gut geklappt hätte. Auch die neuen Kinder, die jetzt zur Operation nach Deutschland geflogen würden, seien gut vorbereitet und startklar. Das war gut! Wir hatten inzwischen auch einen Krankenpfleger im Kinderhaus fest angestellt, der die medizinische Betreuung übernahm. Ich konnte an Fatis Gesicht ablesen, dass sie noch etwas auf dem Herzen hatte.

»Madame la Présidente«, begann sie übertrieben höflich, »es könnte sein, dass wir ein kleines Problem haben. Die Nachbarn haben sich beschwert. Die Kinder sind zu laut und manchmal riecht es ziemlich unangenehm nach Verwestem.«

Ich wusste selbst, dass von Kindern mit einer akuten Noma oft ein beißender Geruch ausging. Das hat nichts mit mangelnder Hygiene zu tun, sondern mit dem Knochenzersetzungsprozess während der akuten Phase.

Fati holte tief Luft: »Ich denke, ich muss ein neues Haus suchen.«

Inzwischen hatte ich so viel Vertrauen zu Fati gefasst, dass ich sicher war, sie würde die Probleme in den Griff bekommen. Ich bat Dr. Sibomana, Fati bei der Suche nach einem neuen Haus zu unterstützen.

Als die Maschine der Air France kurz vor Mitternacht Richtung Paris startete, war der rechte Platz neben mir nicht mehr frei. Am Fenster saß Binia und schaute hinaus in die Nacht. Er durfte nach Hause – aber wusste er eigentlich, was das wirklich war? Ich jedenfalls hatte mir vorgenommen, ihm zumindest vorübergehend ein Zuhause zu geben, auch wenn seine Heimat immer Afrika bleiben würde.

KAPITEL 4

AUF MESSERS SCHNEIDE

Meine Nigerreise im Sommer 1996 war aufregend und aufreibend gewesen. Zurück in Regensburg gab es jedoch keine Verschnaufpause für mich. Die Schule begann fünf Tage später und bis dahin wollte ich Binia und Massaoudou eingeschult haben. Mit viel Überredungskunst und engagierten Kollegen gelang es für beide. Das staatliche Schulamt war da eine ganz große Hilfe, denn altersgemäß hätte Binia bereits in die 3. Klasse und Massaoudou in die 8. Klasse gehen müssen. Durch eine Ausnahmeregelung kam Binia in die 1. Klasse und Massaoudou in die 5. Klasse der Hauptschule.

Während Binia in Niger für wenige Monate die experimentelle Schule in Matamèye besucht hatte, war es für Massaoudou eine völlig neue Welt. Erstaunlicherweise wurden beide Jungen schnell in die Klassengemeinschaft integriert und von den Kameraden liebevoll angenommen. Da Binia mit seinen Mitschülern quasi bei null anfing, hatte er keine nennenswerten Probleme. Sein Deutsch verbesserte sich rasch, sodass er dem Lehrstoff folgen konnte.

Massaoudou hingegen kam quasi ohne jegliche Vorkenntnisse in die 5. Klasse. Es war klar, dass er dem Lehrstoff nicht würde folgen können, aber seine Lehrerin und die Mitschüler gaben sich viel Mühe mit ihm. Er lernte Lesen, Schreiben und Rechnen – und das obwohl er häufig fehlte, weil er zwischendurch immer wieder operiert werden musste. Er hatte sogar einen besten Freund, Robert, der ihm durch so manche Heimwehphase half.

Während Binia nur regelmäßig zum Kieferorthopäden musste, lag Massaoudou in ähnlichen Abständen auf dem OP-Tisch in der Uni-Klinik Regensburg. Für unsere ganze Familie war das emotional sehr belastend, weil Massaoudous Leben sehr oft auf Messers Schneide stand. Insbesondere die Beatmung unter Narkose stellte die Ärzte immer wieder vor große Probleme.

Die erste OP-Kampagne in Niger

Parallel zu diesen Berg- und-Talfahrten bereitete ich unsere erste Operationskampagne vor. Gleich zwei Teams sollten vom 1. bis zum 16. November 1996 in Niamey operieren. Der Zufall wollte es, dass sich sowohl ein deutsches Ärzteteam unter Leitung von Prof. Dr. Wolfgang Spitzer als auch ein polnisches Ärzteteam unter der Leitung von Prof. Dr. Kazimierz Kubos auf den Weg nach Niger machten. Während das Spitzer-Team im Nationalkrankenhaus operieren würde, kam das polnische Team an der Universitätsklinik Niamey zum Einsatz. Dieses Arrangement hatte ich mit Prof. Dr. Lemperle von *INTERPLAST Germany e. V.* ausgemacht. Solch Zweiteilung gab es allerdings nur einmal, denn die Verhältnisse in der Uniklinik waren schlussendlich nicht für regelmäßige Operationskampagnen geeignet. Bei dieser ersten Operationskampagne war dieser Einsatz jedoch äußerst erfolgreich.

Natürlich wäre ich bei dieser Reise gern dabei gewesen, aber da keine Ferien waren, musste ich die Kampagne von Deutschland aus managen. Inzwischen vertraute ich Dr. Leo Sibomana und den anderen Mitarbeitern vor Ort, dass sie das auch ohne meine Unterstützung hinkriegen würden. Zudem waren die Teams auslandserfahren und wussten genau, was dort auf sie zukommen würde.

In der Tat war es so, dass unsere Teams in den Operationssälen arbeiten konnten, die am besten ausgestattet waren. Die Liste mit den benötigten OP- und Nachsorgematerialien hatten wir bereits abgearbeitet. Nur gut, dass ich mich auch in dieser Hinsicht auf die Teams verlassen konnte, denn an Batterien für die Monitore beispielsweise hätte ich nicht gedacht. Die Geräte, die in den OP-Sälen benötigt wurden, hatten nämlich oft nur leistungsschwache Batterien. Während der mehrstündigen Operationen jedoch musste sich der Anästhesiearzt darauf verlassen können, dass alle Geräte ihm auch die richtigen Werte anzeigten. Ohnehin waren die teilweise sehr langen Operationen in Niger eine große Herausforderung für Menschen und Material.

Die Stromversorgung beispielsweise brach ab und an mal zusammen und auf den Generator war auch nicht durchgängig Verlass. Trotzdem schafften es unsere Ärzte, allein beim ersten Niger-Einsatz 28 Noma-Kinder zu operieren.

Von der logistischen Seite her war es uns als Hilfsaktion enorm wichtig, dass die Ärzte und Krankenschwestern gut untergebracht waren. Dafür buchten wir kleine Bungalows im Hotel »Les Roniers« vor den Toren der Stadt. Der Besitzer war Franzose und übernahm gleichzeitig die Rolle des

Kochs im hoteleigenen Restaurant. Zumindest war so die Versorgungslage unserer europäischen Gäste gesichert. Der Nachteil daran war, dass in Notfallsituationen die Ärzte etwa 20 Autominuten von den Krankenhäusern entfernt waren. Aber es ging alles gut.

Diesem ersten Einsatz im November 1996 folgten viele weitere Aktionen. In den ersten fünf Jahren waren wir durchschnittlich zweimal im Jahr mit Ärzteteams vor Ort.

Massaoudou – eine medizinische Herausforderung

Massaoudou kam aufgrund seiner gravierenden Defekte nicht für eine Operation in Niger infrage. Der Junge stammte aus dem Dorf Guidan Kago in der Nähe von Tahoua und unser damaliger Kinderarzt Dr. Jean-Marie brachte ihn im Frühjahr 1996 ins dortige Kinderhaus. Schon damals schätzte er Massaoudous Entstellungen als so schwerwiegend ein, dass er ihn sofort für eine Operation in Deutschland vorschlug.

Anders als die meisten anderen Noma-Patienten war Massaoudou schon 14 Jahre alt, als er ins Operationsprogramm aufgenommen wurde. Das lag unter anderem daran, dass man in seinem Dorf seinen Anblick »gewöhnt« war und er sich nicht, wie andere Noma-Patienten, verstecken musste. Sein Vater war der Imam und zugleich der Dorfälteste in der kleinen Gemeinde, deshalb stand Massaoudou trotz seiner Deformierung quasi unter dem Schutz der Gemeinschaft. Ihn nach Deutschland umzusiedeln, war etwas ganz anderes, als es bei Binia gewesen war. Massaoudou hatte beispielsweise Heimweh, was wir von Binia gar nicht kannten.

Trotz der starken Heimatbindung gab und gäbe es bis heute für Massaoudou jedoch keine Alternative zu einer Operation in Europa. Bei ihm hatte die Noma ganze Arbeit geleistet, wenn man es so ausdrücken darf. Schaute man ihn damals an, so sah man nur zwei Augen und den Unterkiefer. Er hatte keine Nase, keinen Oberkiefer, keine Wangen und keine Lippen. Die daraus resultierenden gesundheitlichen Probleme kann man sich leicht vorstellen. Operationen, die sein Gesicht Stück für Stück wieder aufbauen sollten, waren für die Chirurgen eine sehr große Herausforderung, und man brauchte sowohl handwerkliches Geschick als auch Mut, sich an dieses Operationsfeld heranzutasten.

Beispielsweise hatte Prof. Dr. Jürgen Holle aus Wien ein operatives Verfahren entwickelt, das es ermöglichte, aus einem Knochenfragment, das er Massaoudous Schulter entnahm, einen Oberkiefer und Gaumen zu »schnitzen«. Ein Kieferchirurg wiederum setzte dort hinein Implantatsockel, auf denen später die Zähne befestigt werden würden. In der Folgeoperation kam dieses geformte Knochenstück wieder in die Schulter und wurde an die venöse Blutversorgung angeschlossen. Dort »lagerte« das Knochenfragment, bis es drei Monate später wieder herausgeholt wurde, um als Oberkiefer und Gaumen im Mundraum implantiert zu werden. Das nötige Gewebe, um der ganzen Konstruktion Halt zu verleihen, wurde aus Massaoudous Rücken extrahiert. Das war ohne Frage eine chirurgische Meisterleistung.

Insbesondere das erste Jahr in Deutschland war auch für unsere Familie eine enorme Herausforderung. Massaoudou war immer nur kurz in der Klinik und wurde darüber hinaus – um die Pflegekosten im Krankenhaus gering zu halten – von uns zu Hause versorgt. Bei zwei großen Operationen entwickelte Massaoudou in der Folge ein sogenanntes Durchgangssyndrom. Das äußerte sich in zeitweiser Verwirrtheit und teilweise auch in Aggressionen. Im Krankenhaus war er nach den OPs sediert, um die ersten Tage danach perfekt versorgt zu werden. Als er dann aber zu Hause war und ich die Wundversorgung übernahm, wehrte er sich oft mit Händen und Füßen. Wenn wir heute über diese Phase sprechen, können Massaoudou und ich darüber herzhaft lachen. Damals jedoch war das alles andere als witzig. So wanderte er beispielsweise nachts stets durchs Haus, während er tagsüber schlief. Einmal hatte er sich auf einem seiner nächtlichen Ausflüge den Autoschlüssel geschnappt und sich in der Garage ins Auto gesetzt. Dort fanden wir ihn nach langer Suche am nächsten Morgen. Er erklärte: »Ich wollte nach Hause fahren.«

Mir brach es das Herz. So gern hätte ich ihm geholfen, dass all die insgesamt 56 Operationen schneller vonstattengingen. Doch es brauchte eben auch Zeit, damit die Heilung gelang. Mehr als einmal ist Massaoudou dem Tod nur knapp von der Schippe gesprungen – einmal sogar an Heiligabend. Prof. Holle kam an diesem 24. Dezember mit seinem Team mit dem Auto im Schneesturm aus Wien, um eine Not-OP durchzuführen. Die venösen Anschlüsse bei Massaoudou hatten sich verstopft und führten zu einem kritischen Zustand: Das transplantierte Gewebe aus dem Schulterblatt wurde nekrotisch und es breitete sich eine Sepsis aus, sodass ein großer Teil des Muskelgewebes wieder abgetragen werden musste. Statt unterm Weihnachtsbaum saßen mein Mann Paul und ich in dieser Heiligen Nacht auf dem Flur vor dem OP-Trakt in der Uni-Klinik Regensburg.

Schlussendlich hat uns das als Familie jedoch noch mehr zusammengeschweißt.

Massaoudou bei *stern TV*

In vielerlei Hinsicht war Massaoudou etwas Besonderes. Beispielsweise war er DAS Gesicht der *Hilfsaktion Noma e. V.* für *stern TV* mit Günther Jauch. Die Redaktion begleitete den Heilungsprozess des Jungen über die gesamten drei Jahre in Europa und auch noch darüber hinaus. Unter anderem entstand die Reportage »Ein neues Gesicht für Massaoudou«. Mehrmals war er in der Sendung zu Gast. Er genoss die Aufmerksamkeit und die Studioatmosphäre. Seine Auftritte rührten ein Millionenpublikum an – und er gewann viele Freunde. Nun kann man darüber streiten, ob es richtig war, ihn den Kameras auszusetzen. Seinem Selbstbewusstsein jedenfalls tat es gut. Im Endeffekt war es auch für die Reputation unserer Arbeit ein Segen – und damit verbunden für das Spendenaufkommen in Folge seiner Auftritte.

Als nun die drei Jahre in Deutschland zu Ende gingen und Massaoudou mit 17 Jahren nach Niger zurückkehren sollte, wurde er ein letztes Mal zu *stern TV* eingeladen. Als Günther Jauch ihn fragte: »Was wünschst du dir am meisten?«, war Massaoudous Antwort verblüffend: »Ein Kamel!«

Das Gesicht von Günther Jauch sprach Bände. »Und was willst du mit einem Kamel?«

Massaoudou antwortete: »Geld verdienen. Ich ziehe mit dem Kamel durch die Wüste und transportiere Sachen in die entlegenen Dörfer.«

Und mit diesem Kamel begann die Geschichte des »Massaoudou im Glück«, angelehnt an das Märchen »Hans im Glück«.

Kapitel 4

Massaoudou sucht sein Glück

Massaoudou kehrte 1999 nach Niger zurück, ein Fernsehteam begleitete ihn bis in sein Dorf. Dort wartete – wie versprochen – bereits ein Kamel auf ihn. Und damit wäre die
Geschichte auch schon fast zu Ende erzählt, wenn es nicht
Massaoudous Geschichte wäre.

Schnell stellte er nämlich fest, dass ein Kamel ein ziemlich
starrköpfiges Wesen sein kann, das nicht immer macht, was
es soll. Schon bald tauschte Massaoudou deshalb das Kamel
gegen ein wüstentaugliches Mofa ein, mit dem er fortan
seine Transportdienstleistungen anbot. Immerhin lernte er
auf seinen Exkursionen eine hübsche »Frau« kennen, die er
alsbald heiraten wollte. Als er sie mir damals vorstellte, redete ich ihm ins Gewissen:»Massaoudou, das ist ein Mädchen.
Sie ist erst zwölf Jahre alt.«

Massaoudou zuckte nur mit den Schultern. Ich fuhr also
mit meiner Belehrung fort:»Wenn du genügend Geld ver-
dienst, dass du sie ernähren kannst, dann kannst du auch
heiraten. Jetzt nicht! Hast du verstanden?«

Massaoudou nickte widerwillig.

Alsbald verkaufte er das Mofa, weil diese Geschäfte nun
doch nicht so gut liefen, und richtete vom Gewinn einen
kleinen Krämerladen in seinem Dorf ein. Zuerst gingen die
Geschäfte gut, aber da sein Sortiment nur beschränkt war,
kauften die Dorfbewohner schon bald wieder bei den fahren-
den Händlern, die vorbeikamen. Den Rest der Bestände ver-
schenkte Massaoudou an seine Familie. Und Massaoudou
hatte eine große Familie.

Er bat uns, ihm eine Hütte zu finanzieren, damit er wenigstens ein Heim hätte für seine zukünftige Frau. Wir ließen

also eine einfache Hütte bauen – in die dann wenig später Massaoudous Tante einzog. Deren Mann war als Saisonarbeiter außer Landes und so gebot es die Höflichkeit, erklärte mir Massaoudou, ihr die Hütte zu überlassen.

Nachdem er in seinem kleinen Krämerladen keine Ware mehr zu verkaufen hatte, war Massaoudou auf der Suche nach einem neuen Betätigungsfeld. Paul und ich brachten die Idee auf, dass Massaoudou im Dorf eine Mühle für Hirse betreiben könnte. In Niger ist es üblich, dass sich die Frauen am Nachmittag auf dem Dorfplatz treffen, um gemeinsam unter fröhlichem Geplauder Hirse zu Mehl zu stampfen. Massaoudou fand unsere Idee gut und wollte also eine Mühle mit Dieselantrieb errichten, um dem ewigen Gestampfe ein Ende zu bereiten. Wir hielten das für eine wirklich gute Geschäftsidee. Die Dorfgemeinschaft sah das anders: Die Mühle war zu laut, das Mahlen zu teuer und der soziale Faktor – das gemeinsame Stampfen – fiel auch weg.

Die Mühle wurde also abgebaut und nach Tahoua umgesiedelt, weil sich Massaoudou dort ein besseres Geschäft versprach. Paul und ich finanzierten für Massaoudou eine neue Hütte. Doch es kam, wie es kommen musste: Die Mühle warf auch in der Provinzhauptstadt keinen ordentlichen Gewinn ab. Vielleicht wäre er ordentlich gewesen, wenn nicht Massaoudous Gutmütigkeit dazu geführt hätte, dass er seine Brüder und andere Anverwandte mit durchfütterte. Heute weiß auch ich, dass in Afrika derjenige, der was zu essen hat, das mit denjenigen teilt, die nichts haben. Nur dann ist er ein vollwertiges Mitglied der Gemeinschaft.

Seine Familie überredete Massaoudou nun auch noch dazu, die Mühle zu verkaufen und ins Busch-Taxi-Gewerbe zu wechseln. Aus dem Gewinn vom Mühlenverkauf erwarb

Massaoudou einen Toyota Pick-up mit Benzin-Motor. Dieses Geschäft hatte für ihn allerdings einen kleinen Haken: Massaoudou hatte keinen Führerschein. Er musste deshalb einen Fahrer engagieren, der Touristen durch die Wüste chauffierte. Während Massaoudou den Führerschein machte, verdiente sich sein Angestellter eine »goldene Nase«.

Als Massaoudou endlich so weit war, selbst mit dem Pick-up zu fahren, war der Motor hin und neue Reifen brauchte er auch noch. Seine schlauen Brüder besorgten ihm einen Diesel-Motor aus Nigeria. Jeder Mensch mit nur einem Hauch von technischem Verständnis weiß, dass ein Dieselmotor in einem Benzinfahrzeug nicht funktioniert. Somit brauchte das Auto auch keine neuen Reifen mehr. Für die Reaktivierung des inzwischen maroden Pick-ups hatte sich Massaoudou auch noch hoch verschuldet. Und deshalb machte ich ihm das ultimativ letzte Angebot: »Du kannst als Wächter im Kinderhaus in Tahoua arbeiten. Dann hast du ein fixes Einkommen und bist versichert.«

Massaoudou war nur mittelmäßig begeistert.

Ich lockte ihn: »Dann kannst du endlich heiraten!« Sein Gesicht hellte sich auf, nur um gleich darauf wieder verzweifelt dreinzuschauen. »Aber meine Schulden!«

»Wenn du den Pick-up in Einzelteilen verkaufst, dann hast du bestimmt noch etwas übrig für eine schöne Hochzeit.«

Nun, so einfach war es nicht ganz, aber schlussendlich setzte ich ihm die Pistole auf die Brust: »Wenn du auf mein Angebot nicht eingehst, dann landest du als Bettler an der Ecke. Und ich gebe dir nichts, wenn ich vorbeikomme.«

Ich weiß nicht, ob es meine Drohung war, ihn nicht weiter zu unterstützen, oder das Jobangebot mit Aussicht auf die Hochzeit, das ihn zum Einlenken bewog. Bald darauf jedenfalls heiratete Massaoudou seine Rachida, die mittlerweile 15 Jahre alt geworden war. Ich beschwor ihn, nicht gleich eine Horde Kinder in die Welt zu setzen, und in der Tat wurde Massaoudous Tochter erst drei Jahre später geboren. Zur Hochzeit kamen fast unsere ganze Familie sowie die Ärzte, die ihn in Deutschland operiert hatten, natürlich auf eigene Kosten. Ein Team von *stern TV* war auch dabei. Nun schien Massaoudou doch noch sein Glück gefunden zu haben, hoffte ich wenigstens.

Zwischen den Kulturen

Während Massaoudou in seiner Zeit in Deutschland ständig von seiner Rückkehr nach Niger sprach, schien dieses Thema für Binia eher unangenehm zu sein. Trotzdem nahm ich ihn immer wieder mit dorthin, damit er den Kontakt zu seinen Eltern nicht völlig verlor. Ich glaube, es dauerte schon ein wenig, bis bei ihm die Sicherheit wuchs, dass ich ihn nicht noch einmal dort zurücklassen würde.

Die Besuche bei seinem Vater waren stets freundlich und unverbindlich. Nie machte Sani, Binias Vater, Anstalten, seinen Sohn behalten zu wollen. Zum Pflichtprogramm gehörte dann natürlich auch ein Besuch im Nachbardorf, bei Binias Mutter Hadissa. Waren wir jedoch da, verschwand sie meist in ihrer Hütte und sprach nur von dort aus zu uns und ihrem Sohn. Was sie sagte, war jedoch wenig freundlich: »Was soll ich mit diesem Kind?« Das hatte Binia immer sehr verletzt.

Später habe ich herausgefunden, dass Mütter in Niger ihren Erstgeborenen nie in der Öffentlichkeit ansprechen. Also wurde auf der nächsten Reise Binia mit all seinen Geschenken in die Hütte geschickt. Ich wollte nicht, dass der Satz »Was soll ich mit diesem Kind?« das Letzte gewesen wäre, was Binia mit seiner Mutter verbindet.

Schlussendlich kam es aber noch viel schlimmer. Binia ging bei diesem letzten Besuch mit vielen Geschenken zu seiner Mutter in die Hütte. Wir hatten Reis gekauft und verschiedene Stoffe. Auch ein bisschen Geld sollte Binia seiner Mutter geben. Ich stand vor der Hütte und lauschte. Ich kann mich nur noch an einen sehr heftigen Wortwechsel in Hausa erinnern – freundlich klang das nicht.

Als Binia schließlich wieder herauskam, hatte er Tränen in den Augen. »Sie hat gesagt: Das ist nicht genug! Sie hat sich nur für die Sachen und das Geld interessiert – und dann geschimpft, dass das zu wenig sei.« Ich war entsetzt und traurig. Binia fuhr fort: »Und dann hat sie noch gesagt, sie braucht mehr Geld – und das müsste ich ihr besorgen. Und stell dir vor: Sie braucht das Geld, um meine Halbschwester zu verheiraten. Die ist gerade mal zwölf Jahre alt!« Das fand Binia unmöglich. Seitdem hat er seine Mutter nicht mehr gesehen.

Positionswechsel

Unser Abkommen, für die Operationskampagnen das Nationalkrankenhaus in Niamey zu nutzen, war auf fünf Jahre angelegt. Zur Halbzeit bekam das Krankenhaus einen neuen Direktor, Dr. Almoustapha Illo. Als ich wieder einmal in Niger war, stattete ich ihm einen Höflichkeitsbesuch ab.

Als ich sein Büro betrat, wehte mir gleich ein merklich frischer Wind entgegen. Dr. Illo, leger, aber korrekt gekleidet, bot mir einen Platz und etwas zu trinken an.

»Ein Wasser wäre schön«, sagte ich und nahm auf dem Besucherstuhl Platz.

Dr. Illo ging zum Kühlschrank und holte eisgekühlte Gläser hervor. Während ich ihn beobachtete, wie er das Mineralwasser eingoss, hörte ich ganz leise klassische Musik.

»Ist das Vivaldi?«, fragte ich.

»Ja«, antwortete er. »Ich liebe die ›Vier Jahreszeiten‹.«

Mit diesem Mann kann ich arbeiten, dachte ich.

Es war in Niger durchaus üblich, dass führende Positionen – so wie die im Nationalkrankenhaus – mit ranghohen Militärangehörigen besetzt wurden. Ich hatte damit kein Problem, solange die Zusammenarbeit klappte. Im Fall von Dr. Illo traf ich auf einen sehr interessierten und später auch sehr engagierten Unterstützer meiner Arbeit. Wenig später nur wechselte er in die Regierung und wurde Gesundheitsminister. Aus dieser Position heraus förderte er die Aufklärungsinitiative und verhalf der Hilfsaktion Noma in Niger zu noch größerem Ansehen. So wurde auch das Tabu der Krankheit durchbrochen.

Gegen Ende der 1990er-Jahre gab es in Niger politische Unruhen. Das Ganze gipfelte darin, dass der amtierende Präsident im Frühjahr 1999 erschossen und das Land ad hoc in einen Ausnahmezustand versetzt wurde. Zu diesem Zeitpunkt war ich gerade in Niamey. Wie in solchen Situationen vorhersehbar, wurde der Flughafen gesperrt und eine Ausreise damit unmöglich. Damals war es Dr. Illo, der mich von seinem Fahrer abholen ließ, um mich in ein sicheres Quartier zu bringen. Zudem sorgte er dafür, dass ich mit dem ersten Flugzeug, das wenige Tage später flog, das Land verlassen konnte.

Das Jahr 1999 brachte aber auch positive Entwicklungen mit sich: Im November besuchte ein Fernsehteam des Bayerischen Rundfunks das Land, um unsere Arbeit dort vor Ort für *Sternstunden* zu dokumentieren. Der sehr engagierte Regisseur und Filmemacher Christian Herrmann schaffte es gemeinsam mit seinem Team, innerhalb von nur einer Woche eine eindrucksvolle und einfühlsame Reportage mit dem Titel *Das Entsetzen im Gesicht* über unsere Arbeit zu drehen. Für uns ein Glücksfall, denn dieser offensive Schritt in die Öffentlichkeit brachte uns Renommee und Spendengelder ein.

In diesen Jahren vor und nach der Jahrtausendwende hatte ich ohnehin das Gefühl, dass mir immer im richtigen Augenblick die richtigen Menschen an die Seite gestellt wurden. Christian Herrmann war definitiv einer davon.

Erwischt!

Wer so häufig wie ich nach Afrika reist, der muss auch immer damit rechnen, sich mit einer Tropenkrankheit anzustecken. Bei mir war es die Malaria. Zwar war ich immer vorsichtig und habe sorgsam auf die Prophylaxe geachtet, trotzdem hat es mich erwischt.

Mit der Vorsorge gegen Malaria ist es so, dass man die Tabletten vor, während und noch einige Zeit danach einnehmen muss. Da ich aber in einigen Jahren so oft in Afrika war, dass sich das Danach mit dem Davor quasi überschnitt, muss ich irgendwann den Überblick verloren haben. Ich jedenfalls war mir keiner Fahrlässigkeit bewusst, als es mir fünf Monate nach meinem letzten Nigeraufenthalt so richtig schlecht ging.

Nun muss man wissen, dass sich eine Malaria bei jedem Menschen individuell etwas anders zeigt. Die einen haben extrem hohes Fieber, die anderen zudem grippeähnliche Symptome – ich wiederum hatte nur mäßig erhöhte Temperatur, dafür aber kombiniert mit Übelkeit und Erbrechen. So schleppte ich mich durch die Tage und mein Hausarzt war ratlos.

»Malaria kann es nicht sein«, meinte er, »Sie waren doch schon monatelang nicht mehr dort und die Prophylaxe haben Sie auch immer genommen.«

Ich gab ihm recht, aber als ich dann am Tag der Schuleinschreibung zusammenbrach, kam ich umgehend ins Krankenhaus. Dort wurde die gesamte Diagnostik aufgefahren, um die Ursache zu finden. Ohne Befund. In dieser Situation erschien mein rettender Engel in Gestalt von Frau Dr. Barbara Dünzl, die als Anästhesistin schon etliche Male in Afrika und auch in Niger gewesen war. Sie übernahm das Kommando: »Wir nehmen jetzt noch mal Blut ab und das schicke ich zu einem Kollegen, der auf Tropenkrankheiten spezialisiert ist.«

Und siehe da, es war Malaria. Es hatte mich trotz Prophylaxe erwischt – und eben deshalb hatte es das ungeübte Medizinerauge nicht sofort erkannt. Als die Diagnose feststand, wurde es hektisch um mich herum. Man verlegte mich in ein Isolierzimmer und schloss mich an unzählige Geräte an. Ich bekam nun Malariamittel in hoher Konzentration.

In Niger ist die Malaria tropica weit verbreitet. Es besteht ein hohes Malariarisiko, insbesondere im Süden des Landes.

Darüber hinaus ist die Gefahr in der Regenzeit größer als in den Trockenperioden. Die Malaria tropica ist für Europäer besonders gefährlich, weil sie unter Umständen einen tödlichen Verlauf nehmen kann. Nun, ich habe sie überlebt. Als »ewiges Andenken« bekam ich allerdings Jahre später noch die Malaria tertiana. Diese tritt in regelmäßigen Abständen auf, verläuft aber weniger heftig. Da ich die Anzeichen inzwischen kenne und die entsprechenden Medikamente zu Hause habe, kann ich damit umgehen.

Vor Ort in Niger halte ich mich strikt an bestimmte Hygieneregeln und bin damit – von wenigen Ausnahmen abgesehen – stets gut durchgekommen. Dazu gehört, dass ich grundsätzlich vermeide, Hände zu schütteln oder jemanden zu umarmen. Ich habe zudem immer ein Handdesinfektionsmittel dabei. Allerdings ist es manchmal schwierig, das rechtzeitig zum Einsatz zu bringen, ohne unhöflich zu wirken.

Als distanziert werde ich auch wahrgenommen, wenn ich angebotene Getränke und Speisen ablehne. Die wenigen Male, die ich gegen meine Regel verstoßen habe, musste ich stets bitter bereuen. Das eine Mal war es, als wir Massaoudou in sein Heimatdorf zurückbrachten. Dem Essen, das seine Mutter für uns gekocht hatte, konnte ich gerade noch entgehen, aber als das traditionelle Getränk, eine Mischung aus Wasser, Ziegenmilch und Getreidebrei, in einem Krug herumgereicht wurde, musste ich wenigstens so tun, als ob. Allein dieser nur angedeutete Schluck ist mir nicht gut bekommen.

Mir ist sehr bewusst, dass ich mich mit jedem Aufenthalt einem gewissen Risiko aussetze. Wo kein Risiko, da kein Gewinn! Aber Leichtsinn konnte und wollte ich mir nie leisten, der Preis dafür wäre zu hoch. Denn ich habe doch immer noch so viel vor …

Wenn aus Träumen Wirklichkeit wird

Es gibt in Amerika die Redewendung »Think big!«, was schlussendlich die Aufforderung ist, nicht in kleinen Schritten, sondern in großen Dimensionen zu denken, um sich selbst oder ein Projekt voranzubringen. Ich kam mir dementsprechend schon leicht übermütig vor, als ich bei *Sternstunden* den Antrag zum Bau einer eigenen Noma-Klinik in Niamey einreichte. Unsere Zusammenarbeit mit dem Nationalkrankenhaus hatte in den letzten Jahren gut funktioniert, doch das Abkommen war auf fünf Jahre befristet. Wir mussten uns also überlegen, wie es danach weitergehen sollte. Mit der Bewilligung einer gigantischen Summe von 250 000 DM war die Entscheidung für eine eigene Klinik gefallen. Die Bauarbeiten in Niamey begannen im Mai 2000 – und nur knapp zwei Jahr später, am 10. April 2002, wurde die Klinik La Magia eröffnet.

»La Magia« ist Hausa und bedeutet »Hoffnung«. Die Idee dazu kam von Dr. Illo, der mir von einem Fluss bei Tahoua erzählte, der nur in der Regenzeit Wasser führt und deshalb »La Magia« genannt wird. Für mich ging mit der Klinik ein Traum in Erfüllung, denn damit waren endlich die Voraussetzungen erfüllt, dass an Noma erkrankte Kinder nur noch in schwierigsten Ausnahmefällen zur Operation nach Europa ausgeflogen werden mussten.

Die Klinik La Magia ist ein ebenerdiges Gebäude im nigrischen Stil, sodass es die Menschen nicht allein durch das Äußere ängstigt. Mit dazu gehört ein großzügiger, überdachter Freisitz, in dem sich die Kinder aufhalten können, wenn sie nicht im Bett liegen müssen. Geschlossene Räume sind sie nicht so gewöhnt. Im Noma-Krankenhaus selbst haben wir 2 Operationssäle sowie 14 Patientenzimmer und somit die Möglichkeit, etwa 20 Patienten unterzubringen. Auch eine Intensivbetreuung ist hier möglich.

Diese Klinik ist eine totale Ausnahme, denn es ist das einzige Noma-Krankenhaus in Westafrika, das diesen europäischen Standard hat. Einzigartig war auch die radiologische Abteilung, die es so ausgestattet sonst nirgendwo in Niger gab. Und wir haben auch heute immer noch das große Glück, dass wir Ärzteteams aus Deutschland und Österreich haben, die mindestens ein- bis zweimal pro Jahr hierher kommen, um in ihrer Freizeit in der Klinik zu operieren.

Im April 2002 jedenfalls fand die Einweihung der weltweit ersten chirurgischen Noma-Klinik statt. Es waren über 1000 Gäste anwesend und eine Militärkapelle spielte auf. Unter den Gästen waren auch der damalige nigrische Staatspräsident Mamadou Tandja, alle Abgeordneten, Botschafter und Vertreter anderer ausländischer Organisationen. Ich war unendlich stolz und glücklich. Ohne die finanzielle Unterstützung von *Sternstunden* wäre das nicht möglich gewesen. Eine kleine Gedenktafel am Eingang der Klinik erinnert heute noch daran. Weitere Gelder kamen von *Hellef ouni Grenzen* aus Luxemburg und vielen anderen großzügigen Einzelspendern. Die komplette medizinische Einrichtung sponserte *Round Table Deutschland*. Die Krankenbetten wurden von der *Kurt-Lange-Stiftung* in Bielefeld gestellt. So fügte sich eins zum anderen – und bereits einen Tag nach der Eröffnung wurde die erste Operation durchgeführt.

Es war wiederum der Fernsehjournalist Christian Herrmann aus München, der diese erste Operationskampagne im frisch eröffneten Krankenhaus für *Sternstunden* dokumentierte und wenig später in einer *Sternstunden-Bilanz* darüber berichtete. Auf einen steten Spendenfluss konnten wir uns – auch dank seiner Berichterstattung – glücklicherweise verlassen.

Nun war es aber auch an der Zeit, unser Personal in Niger aufzustocken. Wir wollten in unserer Klinik nur nigrisches Personal beschäftigen und investierten entsprechend in Ausbildung und Förderung. Schon kurze Zeit später fand ich auch einen medizinischen Leiter – Dr. Illo. Er hatte seine politischen Ämter aufgegeben und war als Arzt und Chirurg somit für diese Position prädestiniert.

Standards setzen

Die eigene Klinik eröffnete uns die Möglichkeit, in Bezug auf die Behandlung von Noma-Patienten völlig neue Standards zu setzen. Es galt also, alles, was wir schon zuvor unter schwierigen Bedingungen versucht hatten, nun zu perfektionieren.

Das übliche Procedere beginnt heute in der Regel damit, dass die kleinen Patienten von ihren Eltern in die Kinderhäuser und Ernährungsstationen der *Hilfsaktion Noma e. V.* in Niger gebracht werden, die wir mittlerweile fast überall im Land unterhalten. Dort arbeiten unter anderem Krankenpfleger, die einen ersten medizinischen Check vornehmen. Kommt beispielsweise ein Kind mit akuter Noma, so wird das in der Regel schnell erkannt und sofort behandelt. Das Standardvorgehen ist eine Behandlung mit Antibiotika und Mundspülungen. Offene Wunden werden abgedeckt und der Ernährungsstand wird überprüft. In manchen Fällen müssen Antibiotika auch per Infusion verabreicht werden.

Nach der akuten Phase, also wenn Patienten mit einer ausgebrannten Noma zu uns kommen, wird zunächst das Ausmaß des Defekts dokumentiert. Das beinhaltet folgende Untersuchungen: Befindet sich die Deformation links oder rechts oder im Mittelgesicht? Sind Unter- und/oder Oberkiefer betroffen? Wie steht es mit der Nase? Von dieser offensichtlichen Begutachtung und dem Alter des Kindes hängt es dann ab, wie weiter verfahren wird.

Kinder unter sechs Jahren werden in der Regel noch nicht für eine Operation eingeteilt. Natürlich ist auch die Schwere des Defekts ein Kriterium, aber normalerweise dauern solche Operationen zwischen 12 und 14 Stunden – und das ist sehr kleinen Patienten noch nicht zumutbar. In diesen Fällen tragen die Ärzte zunächst nekrotisches, also abgestorbenes Gewebe ab und entfernen unter Umständen stark angegriffene Knochen.

Danach werden die Kinder ins Ernährungsprogramm aufgenommen, um sicherzustellen, dass sie sich gesund entwickeln. Die Eltern haben dann Anspruch auf Lebensmittelrationen und bekommen speziell für die Kinder eine besonders kalorienreiche Zusatznahrung: »Plumpy'nut«. Die Bezeichnung setzt sich aus den englischen Wörtern »plump« (= zäh) und »peanut« (= Erdnuss) zusammen. Das ist eine Paste zur Behandlung von Unterernährung und sie besteht aus Erdnussbutter, Milchpulver, Öl und Zucker. Zudem sind Vitamine und Mineralstoffe beigefügt. Der Nährwert einer Packung mit 92 Gramm liegt bei 500 Kalorien. Es handelt sich dabei um eine sogenannte »Ready-to-use« Nahrung, die ohne weitere Zugaben direkt verabreicht werden kann. Ein weiterer Vorteil für uns: Das Produkt aus Frankreich wird in Lizenz in Niger hergestellt, was Transportkosten und Lagerhaltung minimiert.

Unser Arzt vor Ort macht dann einmal im Monat seine Tour über die Dörfer, um den Entwicklungsstand der Kinder zu kontrollieren. Wenn er sieht, dass die Kinder so weit sind, dass sie operiert werden können, kommen sie auf die Liste.

Der normale Operationsverlauf

Um sich eine Vorstellung davon zu machen, wie aufwendig solch eine Noma-Operation ist und welchen hygienischen Anforderungen sie unterliegt, beschreibe ich es mal in verkürzter Form.

Nachdem eine akute Noma ausgeheilt ist und nekrotisches Gewebe entfernt wurde, heilt die Wunde unter starker Narbenbildung ab. Es bildet sich darauf teilweise neue Haut, die aber nur hauchdünn ist. Zu Beginn der Operation wird dieses Narbengewebe großräumig entfernt und der Bereich wird gesäubert, sodass nur noch gesundes Gewebe vorhanden ist. Unter Umständen müssen auch Knochen ersetzt werden.

In der zweiten Phase der Operation wird ein ausreichend großes Gewebestück vom Unterarm oder Rücken entnommen und ins Gesicht transplantiert. Dieses wird sorgsam mit Muskeln, Blutgefäßen und Nerven verknüpft. Die Nähte sind so angelegt, dass sich bei der Abheilung möglichst wenige Narben bilden. Voraussetzung für diese Gewebetransplantation ist, dass der Unterarm gut gepolstert erscheint. Dies wiederum ist nur bei wohlgenährten Kindern der Fall. Sind Kinder hingegen unterernährt, baut sich das Gewebe an den Unterarmen zuerst ab. Deshalb ist unser Ernährungsprogramm bei Noma-Patienten doppelt wichtig.

Nun hat man natürlich noch den Defekt am Unterarm oder Rücken, der verschlossen werden muss. Dort genügt in der Regel eine einfache Hautabdeckung. Dazu wiederum wird Hautmaterial vom Oberschenkel des Patienten extrahiert. Es gibt dafür ein spezielles, besonders scharfes Instrument, sodass ein netzartiges Hautstück auf dem Oberschenkel verbleibt und ein ebensolches auf den Unterarm oder Rücken eingesetzt werden kann. Im Normalfall verheilen diese beiden Wunden problemlos und neue Haut bildet sich rasch an beiden Stellen.

Wie gesagt: Das ist das normale Procedere. Häufig jedoch sind die Operationen komplizierter und stellen auch für erfahrene Chirurgen eine große Herausforderung dar – von möglichen Komplikationen einmal ganz abgesehen.

Das Vorbereitungsprogamm

Um bei einer OP möglichst keine Überraschungen zu erleben, haben wir auch ein ausgeklügeltes Vorbereitungsprogramm, das alle Patienten unmittelbar vor der OP durchlaufen müssen. So werden alle Patienten kardiologisch untersucht und es wird ein großes Blutbild gemacht. Auch die Lunge muss gründlich gecheckt werden, bevor die Operation beginnt.

Im Blut der Patienten suchen die Mediziner auch nach möglichen Hinweisen für schwerwiegende Erkrankungen, beispielsweise Malaria oder Meningitis. Beides ist in Niger weit verbreitet, ebenso wie die üblichen Kinderkrankheiten wie Masern, Mumps, Röteln und so weiter immer wieder virulent sind. Zwar werden unsere Noma-Kinder bei der Aufnahme ins Programm auch geimpft, aber sicher ist sicher. Dass die Kinder bereits bei der Vorsorge in den Kinderhäusern entwurmt werden, ist ohnehin normal.

Im Blut suchen die Ärzte zudem nach Hinweisen für eine Sichelzellanämie. Das ist eine in Westafrika (ebenso wie in Teilen Asiens und am östlichen Mittelmeer) weit verbreitete Bluterkrankung, die erblich bedingt ist. Signifikant dafür ist die sichelförmige Struktur des Hämoglobins, das heißt des roten Blutfarbstoffes. Normalerweise sind diese Blutbestandteile scheibenförmig und elastisch, sodass sie selbst durch kleinste Blutgefäße hindurchpassen und so den ganzen Organismus mit Sauerstoff versorgen können. Bei der Sichelzellanämie verstopfen diese vergleichsweise starren Zellen schnell kleine Gefäße und das ist in der Konsequenz für eine Noma-Operation fatal. Kinder mit dieser Veranlagung müssen speziell vorbereitet werden – und zudem braucht man für sie Blutkonserven. Solche gibt es aber per se in Niger nicht, also müssen Blutspenden von nahen Angehörigen genommen werden.

Bei allen Kindern wird zudem ein HIV-Test und bei Mädchen ab dem zwölften Lebensjahr auch ein Schwangerschaftstest durchgeführt. Die Testung des Bluts auf Hepatitis ist ohnehin obligat.

Schlussendlich entscheiden die Ärzte, welche Patienten sie in welcher Reihenfolge operieren. Sie machen sich diese Auswahl nie leicht, aber Fakt ist auch, dass es alles andere als eine überschaubare Anzahl von Patienten ist.

Mittlerweile haben wir an der Klinik einen fest angestellten Mediziner, der durchaus in der Lage ist, leichtere Fälle allein zu korrigieren. Aber zwei Hände sind eben zumeist nicht genug, um eine schwierigere Operation zu meistern. Dennoch sind wir froh und glücklich, dass die Mehrzahl der neuen Patienten direkt in Niger operiert werden kann.

Binia macht Ferien in Niger

Seitdem Binia 1996 mit mir nach Regensburg zurückgekehrt war, entwickelte er sich zu einem waschechten Bayern. Seine Schullaufbahn war problemlos und er wurde sogar zum Klassensprecher gewählt. Deutschland, genauer gesagt Regensburg, war seine zweite Heimat geworden – und doch wollte ich, dass er seine Wurzeln in Niger nicht völlig kappte.

Damals schauten wir uns gemeinsam noch regelmäßig ein Fotoalbum an, das ich für ihn angefertigt hatte. Dadurch versuchte ich, die Erinnerung an sein früheres Leben wachzuhalten. Gemeinsam schmiedeten wir den Plan, dass er einmal seine bayerischen Sommerferien in Niger bei seinem Vater im Dorf verbringen sollte. Sechs Wochen lang »back to the roots« – ihm schien dieser Gedanke zu gefallen.

Wieder einmal flogen wir also gemeinsam nach Niger. Unterwegs zu seinem Dorf kauften wir Unmengen von Nahrungsmitteln ein, schließlich sollte es »Urlaub« werden und keine Hungerkur. Als wir dann in Gomba Saboua ankamen, war alles anders als geplant. Für mich sah es aus, als ob sich das ganze Dorf auf dem Dorfplatz versammelt hatte. Binnen Minuten war unser Fahrzeug umzingelt, sodass wir kaum aussteigen konnten. Die Menschen redeten (und schrien) laut durcheinander – und auf mich machte das keineswegs einen freundlichen Eindruck. Es war bedrückend.

Nur mühsam gelang es uns, aus dem Auto zu steigen. Der Pulk folgte uns zur Hütte von Binias Vater. Sani, den ich stets als geduldigen, freundlichen Mann erlebt hatte, trat aus der Hütte. Diesmal war sein Gesicht verschlossen und mürrisch. Hinter ihm drängte eine Frau aus dem Rundbau. Das war seine neue Frau.

Zwar verstand ich nach wie vor kein Hausa, doch die Gesten und die Mimik sprachen Bände. Sie wollten Binia nicht da haben. Selbst die zahlreichen Geschenke und Lebensmittel konnten daran nichts ändern. Natürlich war Binia auch nicht mehr der kleine Bub, den man einfach so rumschubsen konnte. Er gab Widerworte, was ihm gemäß den Stammesregeln natürlich nicht zustand. Mich wunderte es also nicht, dass Binia sich auf dem Absatz umdrehte und zurück zum Auto ging.

»Hier bleib' ich nicht«, erklärte er lapidar.

»Du musst nicht hierbleiben«, beruhigte ich ihn.

Später erklärte mir Mamoudou, der ehemalige Mitarbeiter des *Sentinelles*-Zentrums in Zinder, der mittlerweile für die Hilfsaktion arbeitete und uns auf dieser Fahrt begleitet hatte, dass es wohl der Einfluss der neuen Frau gewesen sei, der diese Situation so verschärft hatte. Diese wollte Binia nicht da haben. Der Vater versuchte, die Angelegenheit zu klären und sagte, dass er sich freuen würde, wenn Binia ihn ab und zu mal ein, zwei Stunden besuchen würde.

Die Situation beim Abendessen, als uns Mamoudou das alles erklärte, war nahe daran zu eskalieren. Ich hatte keinerlei Verständnis dafür, warum der Vater sich so verhalten hatte. Mamoudou hingegen empfand das als ganz normal. Meine mitteleuropäische Gesinnung traf auf afrikanische Weltanschauung. Obwohl ich immer dachte, ich würde die

Menschen dort verstehen, verstand ich an diesem Abend die Welt nicht mehr.

Für Binia war das traurig, aber wie so oft ist immer auch etwas Gutes daran: Zurück in Deutschland konzentrierte er sich noch mehr auf seine Schule, machte die Mittlere Reife und gleich im Anschluss eine Ausbildung zum Industriekaufmann bei einer Modefirma.

Auf Messers Schneide – ganz persönlich

Auf einer Reise 2003 nach Niger entdeckte ich gleich nach der Ankunft einen riesigen Knoten in der Brust. Ich war schockiert, warum war der mir nie zuvor aufgefallen? Noch in Niger ging ich zum Arzt – aber dort hatte man keinerlei Erfahrung mit Brustkrebs. Doch die Röntgenaufnahme war so eindeutig, dass selbst ich es nicht übersehen konnte. Der Arzt, der die Untersuchung durchführte, war ratlos. Er murmelte irgendetwas von Tabletten, was natürlich nicht helfen würde, so viel war auch mir als Laie klar.

Trotzdem blieb ich meine geplante Zeit in Niger und erledigte, was zu tun war. Nebenbei hatte ich aber auch viel Zeit zum Nachdenken und die Sorge, wie es weitergehen würde, fraß mich fast auf.

Zurück in Deutschland handelte ich rasch, die Diagnose wurde schnell bestätigt. Ich musste umgehend operiert werden. Doch zuvor wollte ich noch alles regeln. Am üblichen runden Tisch der Familie Winkler-Stumpf brachte ich meinen Wunsch vor: die Adoption von Binia. Bislang waren seine Aufenthaltsgenehmigungen aus medizinischen Gründen immer anstandslos verlängert worden. Doch ich wusste, dass sich das Blatt wenden könnte, wenn ich nicht mehr da wäre. Sein Aufenthalt in Deutschland war an meine Person geknüpft. Nie gab es irgendwelche Zweifel, dass sich an dieser Situation etwas ändern könnte.

Eigentlich gab es auch nichts mehr zu diskutieren, denn Binia war schon über so viele Jahre bei uns und somit ein Teil der Familie. Wir alle zusammen – Paul, Mathis, Vasco, Binia und ich – gingen zum Notar und setzten ein Schriftstück auf, in dem jeder Einzelne und somit wir gemeinsam erklärten, dass Binia zu uns gehörte. Auch Binia stimmte dem zu und er war mit seinen inzwischen 15 Jahren alt genug, sodass auch seine Entscheidung gehört wurde. Das war die Grundlage für die spätere Adoption. Bis das offiziell werden würde, konnte ich allerdings mit meiner Operation nicht warten.

Über den Brustkrebs zu schreiben, erscheint mir nutzlos. Ich habe ihn besiegt. Das allein zählt. Ich bin dabei durch die Hölle gegangen, inklusive Chemotherapie und Bestrahlung. Gerettet hat mich allein die Tatsache, dass ich wusste: Ich werde hier noch gebraucht. Vom Krankenbett aus habe ich die *Hilfsaktion Noma e. V.* geleitet – und es gab für mich keinen Zweifel, dass gerade diese Ablenkung zu einer schnellen Genesung beigetragen hat.

Dennoch hinterließ die Krankheit Spuren – und zwar insofern, als dass sie Entscheidungen begünstigte und vorantrieb. So nahm ich wenig später Abschied von meinem Beruf als Lehrerin. Ich hatte das Rentenalter offiziell erreicht und ging in Pension. Nun hatte ich (wie man den Rentnern so schön nachsagt) alle Zeit der Welt, um mich voll und ganz auf das Ehrenamt und die *Hilfsaktion Noma e. V.* zu konzentrieren.

Schon kurz nach meiner letzten Chemotherapie und den Bestrahlungen flog ich erneut nach Niger. Ein Fehler, wie sich vor Ort angekommen, schnell herausstellte. Ich hatte in all meiner Euphorie, den Krebs besiegt zu haben, völlig außer Acht gelassen, dass mein Immunsystem noch komplett am Boden lag. Prompt infizierte ich mich mit der Ruhr, einer Infektionskrankheit des Darmes, und musste unter ärztlicher Begleitung nach Deutschland zurückgebracht werden. Ein Rettungsflieger blieb mir erspart, weil gerade noch ein Anästhesist von der letzten OP-Kampagne in Niger war und mich auf dem Linienflug betreuen konnte.

Im Nachhinein habe ich oft gedacht, es wäre besser gewesen, mich in Niger dagegen behandeln zu lassen. In Afrika kennt man sich mit solchen Krankheiten aus – in Regensburg nicht. Nichtsdestotrotz habe ich auch diese Hürde genommen.

Der Verein wächst mit seinen Aufgaben

Es war nie mein Ziel gewesen, aus einer »Aktion der Hilfe« die Hilfsaktion Noma e. V. werden zu lassen. Nie hätte ich mir träumen lassen, dass aus der verhältnismäßig kleinen, zeitlich und personell begrenzten, Initiative heraus etwas so Großes werden könnte. Doch mit dem Bau der Klinik in Niamey hatte ich Fakten geschaffen, die folgende Entscheidungen und Aktivitäten nach sich zogen. Ich folgte nie einem bestimmten Muster oder einer Strategie. Die Initiative kam stets aus der Notwendigkeit zu handeln.

Übrigens, wenn ich hier immer von »mir« rede, bedeutet das nicht, dass ich wirklich allein entschied. Alle Entscheidungen wurden immer mit den Vorstandsmitgliedern getroffen. Waren wir 1995 noch glücklich über 50 Vereinsmitglieder, so hatten wir im Jahr 2003, also ein Jahr nach der Klinikeröffnung, schon über 500. Die Zahl an sich ist nicht wichtig, für mich spielte vielmehr das Gefühl eine Rolle, dass meine Arbeit so viel Unterstützung und Rückendeckung erfuhr. Das gab mir auch stets den Mut, mich neuen Projekten zuzuwenden. Und davon gab es in den folgenden Jahren noch mehr als genug.

Andererseits ging es mir stets darum, das Geschaffene auch zu bewahren – und zwar genau so, wie ich es mir vorgestellt hatte. Am Beispiel der Noma-Klinik La Magia lässt sich das ganz gut erklären: Die Klinik steht heute noch genauso da wie bei ihrer Eröffnung im Jahre 2002. Über die 15 Jahre ihres Bestehens hinweg hat sich am Konzept grundsätzlich nichts verändert – nur verbessert. Wer afrikanische Verhältnisse kennt, weiß, dass das nicht leicht ist.

Immer wieder gab es Bestrebungen, in diesem Vorzeigekrankenhaus auch andere Kinder mit anderen Krankheiten zu behandeln. Das habe ich stets abgelehnt. La Magia ist und bleibt eine reine Noma-Klinik. Wir können es uns schlicht nicht erlauben, den hohen Standard zugunsten einer Öffnung für andere Erkrankungen aufzugeben. Das gilt insbesondere für die Hygiene, die erforderlich ist, um Noma-Patienten dort zu behandeln und zu operieren.

Erst vor Kurzem beispielsweise engagierte ich einen Mikrobiologen, Tests von den Wänden und Böden der Klinik zu nehmen und auf pathogene Keime hin zu untersuchen. Unter meinen Mitarbeitern vor Ort sorgte das für Unruhe und Widerwillen. »Die Klinik ist doch sauber«, erklärten sie mir ein ums andere Mal. Als schließlich der Wissenschaftler seine Ergebnisse präsentierte, waren alle erstaunt. Zwischen »sauber« und »hygienisch einwandfrei« gibt es durchaus noch einen Unterschied. Und genau das ist die Differenz, auf die es ankommt.

Andererseits haben wir uns mittlerweile von der radiologischen Abteilung getrennt, denn den technischen Standard zu halten, war auf die Dauer zu kompliziert und zu kostenintensiv. Wenn man bedenkt, dass die Klinik im Durchschnitt nur zwei- bis dreimal im Jahr ein hohes Patientenaufkommen hat (nämlich dann, wenn die Ärzteteams anreisen), wurde deutlich, dass die Geräte zu lange ungenutzt waren. Man konnte sich nicht darauf verlassen, dass sie auch funktionierten, wenn sie denn gebraucht wurden. Immerhin erhitzen sich die Räume schnell mal auf 60 Grad, wenn sie nicht durch Klimaanlagen oder Ventilatoren gekühlt werden. Das tut den Maschinen nicht gut – und das stetige Herunterkühlen auf die normale Betriebstemperatur von 24 Grad war sehr kostenintensiv. Das Gleiche galt für das eigene Labor. Beides haben wir ausgelagert und nehmen die Dienste externer Praxen für Laboranalysen und Radiologie vor Ort in Niamey in Anspruch.

Da es sich bei der Noma-Klinik ebenfalls um ein Areal handelt, auf dem mehrere, voneinander unabhängige Gebäude stehen, konnten wir diese Räumlichkeiten an eine andere Hilfsorganisation (der *Cleft-Kinder-Hilfe Schweiz*) vorübergehend zur Nutzung freigeben. So bleibt keine Investition ungenutzt und kommt in ihrer Konsequenz stets den Kindern zugute.

Manches lernt man eben erst mit der Zeit – und kleine Veränderungen müssen nicht schlecht sein, zumal es noch so viele neue Herausforderungen gibt, die es zu bewältigen gilt.

KAPITEL 5

KINDERHÄUSER UND ERNÄHRUNGSSTATIONEN

Das Kinderhaus in Tahoua war 1996 das erste Projekt, das ich auf meinen Reisen nach Niger auf den Weg gebracht hatte. Seitdem leitete Fati diese Institution für uns. Sie war über die Jahre immer eine sehr energische und selbstbewusste Frau geblieben. In vielerlei Hinsicht eine außergewöhnliche Persönlichkeit, die stets ihren eigenen Weg gegangen ist. Sie hatte studiert, und als sie bei uns anfing, war sie bereits alleinerziehende Mutter einer ganz reizenden Tochter. In einem islamischen Land wie Niger bildete sie schon allein deshalb eine Ausnahme. Dass sie den Vater ihres Kindes nie geheiratet hat, galt als Affront. Als kleines Zugeständnis an die Norm lebte sie mit ihrem Kind bei ihrer Mutter.

Aber Zugeständnisse waren per se nicht Fatis Stärke. Sie setzte ihre und unsere Forderungen gegenüber Behörden durch, lag aber zugleich in ständigem Zwist mit ihren männlichen Mitarbeitern im Pflegebereich. Schlussendlich ließen sich die Unstimmigkeiten nur dadurch lösen, dass wir bis heute überwiegend weibliches Pflegepersonal in Tahoua beschäftigen.

Das einzig echte Problem war auf Dauer – und Fati hatte es bei einem meiner früheren Besuche schon einmal angesprochen –, dass unser Kinderhaus in der Nachbarschaft von Wohnhäusern immer wieder für Unruhe sorgte. Man beschwerte sich über den Lärm und vor allem über den Geruch, der von unserem Haus ausging, wenn akute Noma-Fälle dort untergebracht waren. Letzteres war ein Umstand, den ich gut nachvollziehen konnte. Ich beschloss, über unseren Architekten in Tahoua ein Grundstück etwas außerhalb suchen zu lassen und ein eigenes Kinderhaus zu bauen, aus dem uns niemand mehr herauswerfen konnte.

Das Grundstück, das ich dann auswählte, gefiel Fati überhaupt nicht. »Das ist ja gleich neben dem Friedhof«, rief sie wütend. »Friedhof?«, fragte ich. »Wo bitte siehst du hier einen Friedhof?«

Fati deutete auf einige kleine Erdhügel in der Nähe des Grundstücks, die ich so bislang überhaupt nicht wahrgenommen hatte. Ein Friedhof war in meiner Vorstellung mit einem Zaun oder einer Mauer umfriedet, die einzelnen Gräber hatten Kreuze oder Gedenksteine. All so etwas konnte ich nicht entdecken.

»Diese Erdhügel da sind Gräber. Deshalb leben hier Geister und das ist kein guter Ort für ein Kinderhaus«, erklärte mir Fati immer noch aufgeregt.

Ich war ehrlich erstaunt, dass eine so selbstbewusste Frau wie Fati offensichtlich Angst vor Geistern hatte. Ich brach die Diskussion ab und erklärte ihr, sie müsse sich wohl oder übel mit den Geistern arrangieren.

Schlussendlich tat sie das auch. Zum Glück, musste ich mir eingestehen, denn gutes Personal war in Niger schwer

zu finden. Nicht, dass es zu wenige Arbeitskräfte gibt, aber
für die Arbeit mit an Noma erkrankten Patienten braucht es
eine gewisse Hingabe und nicht zuletzt auch Fachkompetenz im medizinischen Bereich.

Auch mit Mamoudou hatte ich rückblickend betrachtet einen wirklichen Glücksgriff gemacht. Ich war damals keineswegs überglücklich, als mir Dr. Sibomana mitteilte, Mamoudou hätte sich bei ihm gemeldet und um Arbeit angefragt.
Ich hatte den Krankenpfleger von *Sentinelles* noch gut in
Erinnerung und hatte mir 1996 geschworen, dass dieser mir
nicht mehr zu nahe kommen sollte. Er war es gewesen, der
damals Binias Pass nicht herausgeben wollte – auch wenn er
vielleicht nur den Anweisungen seines Dienstherrn gefolgt
war. Ich blieb also skeptisch. Doch Dr. Sibomana blieb hart-
näckig. Schlussendlich gab ich nach und Mamoudou arbeitete seitdem im Nationalkrankenhaus im Noma-Pavillon. Als
dann die Klinik La Magia fertig war, wechselte er dorthin und
machte einen wirklich guten Job.

Kinderhäuser überall

Als es um die Jahrtausendwende daran ging, das Abkommen
mit der nigrischen Regierung zu erneuern, wurde das Ansinnen an mich herangetragen, dass es in allen Provinzen des
Landes Kinderstationen wie in Tahoua geben sollte. In Niger
gibt es acht Regionen, die nach französischem Vorbild aus
der Kolonialzeit in Präfekturen unterteilt sind. Es gibt also
Diffa, Dosso, Tillaberi, Niamey, Tahoua, Agadez, Zinder und
Maradi.

Die Noma-Arbeit in Zinder übernahm und übernimmt bis heute *Sentinelles*. Diffa liegt daran angrenzend weit im Osten am Tschadsee. Dort hatte sich seit Jahren eine spanische Organisation engagiert, die ähnlich wie wir arbeiten. José, der Gründer, hatte schon ganz früh ein Noma-Kind von uns nach Spanien geholt, um es dort operieren zu lassen. Nach dieser eindrucksvollen Erfahrung hatte er eine Stiftung gegründet, die so wie wir in Niger aktiv ist.

So blieben noch sechs Präfekturen übrig, die dann nach und nach von der *Hilfsaktion Noma e. V.* betreut wurden. Nach Tahoua bauten wir Kinderhäuser in Maradi (gesponsert von *Sternstunden*) und Niamey (mit Spenden der *Sir Peter Ustinov-Stiftung*). Die *Ustinov-Stiftung* finanzierte auch den Neubau in Tahoua. Tillaberi und Dosso konnten durch die Kinderhäuser in Niamey und Tahoua mitbetreut werden.

Ein Ausnahmefall war das Kinderhaus in Agadez. Diese von den Tuareg besiedelte Region galt seit jeher als gefährlich. Zwar bauten wir dort ein Kinderhaus, das 2007 fertiggestellt wurde, aber es wird heute von nur noch einem Krankenpfleger betreut. Seit Februar 2007 gab es vermehrt bewaffnete Übergriffe der *Mouvement des Nigériens pour la Justice* (MNJ) in der Region Agadez, die die Arbeit fast unmöglich machen. Zwar wurde das Kinderhaus 2011 durch einen Erdrutsch stark beschädigt und 2013 neu aufgebaut, doch das feindliche Umfeld erschwert die Arbeit vor Ort. Unser einziger Mitarbeiter kooperiert hauptsächlich mit dem ortsansässigen Krankenhaus und leistet dort wertvolle Präventions- und Aufklärungsarbeit. Verstärkt nutzt er die Kommunalradios, um Menschen in der Wüste über die Krankheit Noma aufzuklären.

Die Ausweitung unseres Engagement auf sechs Provinzen war finanziell und logistisch über die Jahre 2001 bis 2013 eine Herkules-Aufgabe, aber sie war vorausschauend eine wertvolle Initiative, denn als sich ab 2005 die Lage in Niger verschärfte, waren wir gut gerüstet.

Die große Hungersnot

»Die angekündigte Katastrophe« titelte im Frühsommer 2005 *DER SPIEGEL*, als eine verheerende Hungersnot Niger heimsuchte. Schon im Jahr zuvor hatten wir die ersten Anzeichen zu spüren bekommen. Immer mehr unterernährte Kinder wurden auch in unsere Kinderhäuser gebracht und bekamen dort erste Unterstützung. Von 2003 auf 2004 fiel die ohnehin immer dürftige Ernte noch schlechter aus – und der mickrige Rest wurde von einer Heuschreckenplage biblischen Ausmaßes weggefressen.

Man kann sich kaum vorstellen, dass diese hierzulande eher niedlichen Insekten, wenn sie denn in Massen (und ich spreche von Millionen) über eine Region herfallen, nichts Nahrhaftes mehr zurücklassen. Die Heuschrecken in Afrika sind mit durchschnittlich sieben Zentimetern größer als bei uns und unendlich gefräßig. Jedes einzelne der knapp drei Gramm schweren Insekten vertilgt am Tag das Dreifache seines Körpergewichts. So schnell wie sie kamen, verschwanden sie auch wieder – und sie ließen nichts zurück. Kein einziges Hirsekorn, so wurde mir erzählt.

Die Getreidevorräte der Regierung schmolzen dahin – und fatalerweise war 2005 der Weltmarkt für Getreide wie leer gefegt, sodass keine neuen Vorräte angelegt werden konnten. In der Regenzeit 2004/2005 fiel so gut wie gar kein Niederschlag, sodass das Getreide schon auf den Feldern verdorrte. Auch in den Nachbarländern gab es nur dürftige Ernteerträge und so wurden die Grenzen für Getreideexporte nach Niger geschlossen. Die Appelle der nigrischen Regierung und des Welternährungsprogramms der UNO blieben ungehört, und so nahme die Katastrophe ihren Lauf.

Besonders betroffen waren die Regionen Tahoua, Maradi, Diffa und Zinder. Die *Hilfsaktion Noma e. V.* wurde als Nichtregierungsorganisation (NRO) Teil des großen Plans, die Katastrophe abzuwenden. Wir eröffneten fünf Ernährungszentren: Amaloul (Provinz Tahoua), Sargagi (Provinz Dosso), Sarki Haoussa (Provinz Maradi), Kwara Tegui (Provinz Niamey) und Dingazi Banda (Provinz Tillaberi). Dort überall versuchten unsere Mitarbeiter, das Schlimmste zu verhindern. Und glauben Sie mir: Es war richtig schlimm.

Das war die Zeit, in der ich viel über Hunger und Unterernährung gelernt habe. Das Fatale daran ist ja, dass es beim Hunger ein Stadium gibt, in dem die Menschen nicht mehr essen wollen und können. Sie verhungern buchstäblich vor »gefüllten Tellern«. So etwas können wir uns hierzulande gar nicht vorstellen.

In dieser Zeit lernte ich Jean Ziegler kennen. Der Schweizer ist ein Experte, was den Hunger dieser Welt angeht. Er war jahrelang Sonderberichterstatter der UNO für das Recht auf Nahrung und in dieser Funktion auch damals in Niger unterwegs. Von ihm habe ich viel über die globalen Zusammenhänge und Hintergründe von Hungersnöten erfahren. Jahre später hat er diese Erfahrungen in Niger unter anderem in einem seiner Bücher *Wir lassen sie verhungern* verarbeitet.

Eben in diesem Buch habe ich erfahren, dass es sehr wohl einen Unterschied zwischen Unterernährung und Mangelernährung gibt. Unterernährung ist, um es stark vereinfacht auf den Punkt zu bringen, wenn der Mensch zu wenig Nahrung bekommt. Der Körper zehrt sich in der Folge quasi selbst auf. Die Details erspare ich Ihnen an dieser Stelle. Im Gegensatz dazu kann ein nicht unterernährter Mensch durchaus »mangelernährt« sein. Dann nämlich, wenn die Nahrung, die er bekommt, zu wenig Eiweiß, Vitamine, Mineralstoffe und Spurenelemente enthält.

Unterernährung und Mangelernährung sind die Wegbereiter für sogenannte Hungerkrankheiten. Ein Vitamin-A-Mangel beispielsweise kann zur Erblindung führen. Dann gibt es noch Kwashiorkor. Die Krankheit mit dem unaussprechlichen Namen verursacht durch einen eklatanten Mangel an Spurenelementen im Kleinkindalter den symptomatischen »Hungerbauch«. Der Begriff »Kwashiorkor« wird auf einen ghanaischen Dialekt zurückgeführt und bedeutet »Krankheit des zweiten Kindes«. Da in afrikanischen Ländern viele Frauen oft mehrmals in Folge schwanger werden, wird das ältere Kind abrupt abgestillt, wenn der nächste Nachwuchs zur Welt kommt. Diese plötzliche Nahrungsumstellung auf eine besonders proteinarme und dafür aber kohlenhydratreiche Kost (beispielsweise durch Reis, Mais und Hirse) führt zu einem gefährlichen Nährstoffverlust. Noma zählt ebenfalls zu den Hungererkrankungen, auch wenn der Hunger nur der Wegbereiter dafür sein dürfte.

Auf solche Details jedoch konnten wir in der Akutsituation nicht achten. Hier ging es ums Überleben. Überwiegend die Frauen brachten ihre Kinder zu uns, viele davon waren bereits tot, als sie die Stationen schließlich erreichten.

Damals gab es Schätzungen, die von 2,3 bis 3,4 Millionen betroffenen Menschen sprachen, 18 000 bis 43 000 davon, die Mehrzahl waren Kinder, überlebten die Katastrophe nicht. Wir jedenfalls taten unser Bestes, um so viele wie möglich zu retten. Für uns war es ein komplett neues Aufgabengebiet, doch unsere Mitarbeiter leisteten hervorragende Arbeit. Allein im Jahr 2005 versorgten wir 14 377 unterernährte Kinder. Im Jahr darauf waren es noch 2 734 Kinder, die in unserem Ernährungsprogramm behandelt wurden, ebenso wie 1753 unterernährte Schwangere.

Wo die Not am größten ist, braucht es feste Regeln der Behandlung. Damals – wie auch heute noch – verfahren wir nach diesen festgelegten Schemata: Kommen die Kinder zu uns ins Ernährungszentrum nach Birni N'Konni in der Provinz Tahoua oder wie im Jahr 2005 in die speziell eingerichteten Ernährungsstationen, wird zunächst einmal der Grad der Unterernährung festgestellt. Die Kinder werden gewogen und gemessen. Dann wird der mittlere Oberarmumfang festgestellt. Letzteres ist eine effektive Sache, denn es gibt Maßbänder, die eine farbige Unterteilung haben: in moderate und schwere Unterernährung. Gleich beim Anlegen bekommt man ein Ergebnis.

Schwere Unterernährung erfordert akute Behandlung. Da die kleinen Patienten dann meist nicht mehr in der Lage sind, Nahrung normal aufzunehmen, müssen sie über Infusionen aufgepäppelt werden. Dazu bringen wir sie in die nächstgelegenen Krankenhäuser.

Moderate Unterernährung, aber auch mangelernährte Kinder werden dadurch behandelt, dass die Kinder gleich in unserer ambulanten Ernährungsstation in Birni N'Konni mit Spezialnahrung versorgt werden. Wir verwenden dazu genau wie bei unseren Noma-Patienten »Plumpy'nut«.

Kommen die Mütter mit ihren Kindern zur Ernährungsstation, werden alle wichtigen Daten erhoben und registriert. Diese »Buchführung« geschieht bei uns seit 2005, denn wir haben ein Interesse daran, die gesundheitliche Entwicklung der Kinder über einen längeren Zeitraum hinweg zu verfolgen. Unterernährte Kinder werden zunächst regelmäßig einbestellt, damit wir ihre Entwicklung entsprechend überwachen können. Die Eltern erhalten deshalb zunächst kleine und dann größer werdende Lebensmittelrationen, die aus Hirse, Bohnen, Milchpulver, Öl und Zucker bestehen. Auch bieten wir beispielsweise im Ernährungszentrum Kurse an, die den Frauen zeigen, wie man Nahrung anreichern kann, um eine bessere Versorgung mit Vitaminen und Mineralstoffen zu garantieren.

Sind die Kinder in unserem Ernährungsprogramm registriert, werden sie, sobald sie ihr Normalgewicht erreicht haben, auch in das Impfprogramm übernommen, in dem wir sie gegen die üblichen Kinderkrankheiten (Tuberkulose, Diphterie, Tetanus, Keuchhusten, Polio und so weiter) impfen. Sie erhalten dann auch einen amtlichen Impfpass. Impfen soll einerseits der Entstehung von Epidemien vorbeugen. Andererseits gehören Impfungen zum Präventionsprogramm gegen Noma. Im Jahr nach der großen Hungerkatastrophe wurden von uns beispielsweise 6589 nicht unter- beziehungsweise mangelernährte Kinder geimpft.

Mit dem Impfen in Afrika ist es aber so eine Sache, denn der Impfstoff braucht eine ununterbrochene Kühlkette, was bei den Verhältnissen vor Ort oft nur schwer möglich und sehr kostenaufwendig ist. Einzig gegen die Meningitis gibt es einen speziellen »Afrika-Impfstoff«, der besonders gut auf die Verhältnisse zugeschnitten ist.

Bei all dem guten Willen stößt man in Niger und in anderen afrikanischen Kulturen auch auf erhöhten Widerstand durch mangelnde Information. So gibt es beispielsweise die Mär, dass die Tetanusimpfung Unfruchtbarkeit zur Folge hätte. Das stimmt natürlich nicht. Um solchen Gerüchten entgegenzutreten, gab es einen Fernsehauftritt in der Provinz Tahoua, bei dem sich der Präfekt der Provinz und der oberste Imam vor laufender Kamera impfen ließen. Dann erklärten sie den Zuschauern, wie gut das sei und dass sie es ihnen gleichtun sollten. Zum Glück war die Diskussion damit vom Tisch.

In unseren vier Kinderhäusern werden übrigens nur Kinder mit Noma, die überwiegend auch unterernährt sind, im Rahmen der Behandlung auf Normalgewicht gebracht.

Kein Tropfen auf den heißen Stein

Wie so häufig fügte sich bei unserer Arbeit eins zum anderen. Während die Nothilfe-Aktionen während des großen Hungers 2005 die ganz große Katastrophe abwenden konnten, stellten diese anderen, auf Akuthilfe spezialisierten Organisationen ihre Arbeit 2006 weitestgehend ein. Für uns jedoch als Hilfsaktion vor Ort blieb das Thema weiterhin präsent. Während die Zahlen der unterernährten Kinder scheinbar kurz rückläufig waren, stieg die Zahl der akut an Noma erkrankten Kinder rapide an. Wir brauchten mehr qualifiziertes Personal, um diesem Aufkommen gerecht zu werden.

Die Idee, in Niamey ein eigenes Ausbildungszentrum zu errichten, war schon länger in meinem Kopf. Jetzt war es an der Zeit, sie in die Tat umzusetzen. Wir hatten im Laufe der Jahre immer wieder Fort- und Weiterbildungen angeboten, um medizinisches Personal zu schulen. Dafür hatten wir regelmäßig Seminarräume in öffentlichen Gebäuden angemietet. Auf Dauer war das aber immer mit einem großen Verwaltungsaufwand und hohen Kosten verbunden. Mit einem eigenen Zentrum waren wir zeitlich flexibler und konnten ein größeres Weiterbildungsangebot anbieten. So schulten wir innerhalb weniger Jahre im Aufklärungsprogramm allein 6 918 Personen als Multiplikatoren, deren Aufgabe es war, die Bevölkerung in den Dörfern und auf Wochenmärkten über die Krankheit zu informieren.

Bei all dem, was die *Hilfsaktion Noma e. V.* in Niger initiierte, war es stets unser Ziel, die Noma-Erkrankung mehr in den Fokus der Wahrnehmung zu bringen, damit Kinder rechtzeitig behandelt werden konnten. Die Hungersnot von 2005 zeigte zudem, wie extrem sich Mangelernährung und Noma gegenseitig beeinflussen.

In dieser Zeit tauchte auch Mariama in Niamey auf und bat um eine Anstellung. Als ehemalige *Sentinelles*-Mitarbeiterin hatte sie Erfahrung mit Noma. Gerade in dieser Hungersnot-Situation war es wichtig, Personal zu haben, was sich bereits in der humanitären Arbeit bewährt hatte. Persönliche Ressentiments müssen angesichts der großen Herausforderungen humanitärer Arbeit zurücktreten. Zumal sich Menschen auch ändern können. Ich schlug ihr einen Job im Ernährungszentrum von Birni N'Konni vor. Mariama akzeptierte und wurde über die Zeit unsere Leiterin vor Ort. Heute ist sie eine wichtige und sehr qualifizierte Mitarbeiterin, ohne die wir die Arbeit im Zentrum nicht meistern könnten. Unser Verhältnis ist getragen von Respekt und gegenseitiger Wertschätzung.

Führungswechsel

Als wir das Kinderhaus am Rand von Tahoua 2006 neu eröffneten, war das für uns alle ein ganz großer Tag. Während Mamoudou damals die Tagesgeschäfte in Niamey überwachte, fuhren Dr. Illo als medizinischer Leiter, Dr. Sibomana als Repräsentant der Hilfsaktion Noma und ich dorthin. Es war ein wunderschönes Fest und selbst Fati hatte sich mit der unmittelbaren Nachbarschaft des Friedhofs arrangiert.

Leo Sibomana und ich erinnerten uns noch an die Zeiten 1996, als Dr. Jean-Marie die Leitung des Kinderhauses hatte. Wer hätte damals gedacht, dass es zehn Jahre später so einen schönen Neubau geben würde? Als es um die Rückfahrt nach Niamey ging, nahm ich das Angebot von Dr. Illo an und fuhr mit ihm zurück in die Hauptstadt. Dr. Sibomana wollte noch einmal kurz im Hotel vorbeifahren und würde später nachkommen, erklärte er uns.

»Wann können wir mit Ihnen rechnen?«, fragte ich ihn, weil ich genau wusste, dass seine Frau in Niamey bestimmt auf ihn warten würde.

»Vor Sonnenuntergang bin ich zurück. Richten Sie das doch bitte meiner Frau aus«, erklärte er.

Während Dr. Illo und ich schon am frühen Nachmittag wieder in Niamey waren, ließ Dr. Sibomana auf sich warten.

Seiner Frau hatte ich ausgerichtet, wann er kommen würde. Es war schon fast dunkel, als diese aufgeregt bei mir anrief.

»Er ist immer noch nicht da«, sagte sie.

»Ihr Mann wird schon noch kommen«, versuchte ich sie zu beruhigen.

»Aber wenn er nicht kommt ... was dann?«, hakte sie nach. »Er geht auch nicht an sein Handy!«

»Dann schicke ich Mamoudou los, um auf der Strecke zu schauen, ob er vielleicht eine Panne hatte«, versicherte ich ihr. In Niger gab es leider nicht die Möglichkeit wie bei uns in Deutschland, dass man den weiten Weg über einen Polizeifunk abfragen konnte, ob irgendwo irgendetwas passiert war. Es handelte sich immerhin um etwa 600 Kilometer.

»Und wenn der ihn nicht findet?«, Frau Sibomana klang panisch.

»Ich rufe auch Fati an, die soll mal beim Hotel vorbeifahren und schauen, ob er noch da ist«, schlug ich ihr zusätzlich vor.

In der Tat war es für den stets zuverlässigen Dr. Sibomana ungewöhnlich, dass er seine Zeitangaben nicht einhielt. Ich schickte also Mamoudou nach Tahoua und rief Fati im Kinderhaus an. Der eine wie die andere machte sich sofort auf den Weg.

Gut eine Stunde später rief mich Fati aus dem Hotel an. »Ich hab ihn gefunden«, rief sie ganz aufgeregt ins Telefon.

Sie erzählte mir rasch, dass sie sich gleich auf den Weg zum Hotel gemacht und dort angekommen auf dem Parkplatz Dr. Sibomanas Auto entdeckt hatte. Geistesgegenwärtig hatte sie sich auf die Suche nach ihm gemacht und ihn bewusstlos in seinem Zimmer auf dem Fußboden gefunden. Zuerst hatte sie die Ambulanz angerufen und dann mich.

Der Schock über diese Nachricht saß tief, doch mein Kopf arbeitete so präzise wie ein Uhrwerk.

»Du fährst mit ins Krankenhaus. Wenn sie akut nichts für ihn tun können, dann organisierst du einen Krankentransport nach Niamey. Mamoudou ist schon unterwegs nach Tahoua.« Als ich Mamoudou schließlich auf seinem Handy erreichte, war der schon kurz vor der Stadt.

»Fahr gleich zum Krankenhaus«, wies ich ihn an. »Dr. Sibomana ist was passiert. Er ist bewusstlos und muss wahrscheinlich sofort nach Niamey gebracht werden.«

Während Dr. Sibomana stets der reflektierte Typ gewesen ist, der zwar theoretisch alles wusste und nur in der Umsetzung länger brauchte, war Mamoudou immer der praktische Macher. Er nahm die Sache jetzt in die Hand und ich konnte mich darauf verlassen, dass Leo Sibomana noch in dieser Nacht nach Niamey zurückgebracht wurde.

Mittlerweile lag Dr. Sibomana in einem tiefen Koma und wurde so in die beste Klinik in Niamey, eine französische Privatklinik, gebracht. Dort versuchte man herauszufinden, was denn die Ursache für das Koma war. Allerdings gab es keine eindeutigen Befunde.

Während wir alle in tiefer Sorge um Dr. Sibomana waren, fragte mich Frau Sibomana, warum ich nicht besser auf ihren Mann aufgepasst hätte. Ich hingegen war mir keiner persönlichen Schuld bewusst. Aber vielleicht hatte der sehr selbstlose Dr. Sibomana sich schon nach der Eröffnungsfeier unwohl gefühlt und es nicht gesagt. Vielleicht wollte er deshalb noch mal ins Hotel zurück. Ich hinterließ bei Mamoudou einige Tage später klare Anweisungen, wie er Dr. Sibomana unterstützen sollte, und flog – immer noch besorgt – zurück nach Deutschland.

Es gab damals in Wien ein Symposium über Noma und daran musste ich unbedingt teilnehmen. Kaum hatte die Konferenz begonnen, klingelte mein Handy und die Deutsche Botschafterin in Niamey wünschte mich zu sprechen. Sie erklärte mir knapp und sachlich, dass ich bitte Frau Sibomana, die ja deutsche Staatsangehörige war, beruhigen sollte. Zum ersten Mal fiel das Wort »Fürsorgepflicht«, die ich gegenüber meinen Mitarbeitern hätte.

»Am besten kommen Sie gleich mal vorbei. Wir müssen das klären«, wies mich die Botschafterin an und legte auf.

Ich hatte keine Chance, zu erklären, dass ich gerade in Wien sei und nicht »gleich mal vorbeikommen« könnte. Nichtsdestotrotz buchte ich den nächsten Flug nach Niamey.

Nach meiner Ankunft in Niger stellte ich fest, dass sich Mamoudou fürsorglich um Leo Sibomana gekümmert hatte, der mittlerweile aus dem Koma erwacht war. Was die Ursache seines Zusammenbruchs war, ließ sich jedoch nicht klären. Dr. Sibomana selbst konnte nichts zur Klärung beitragen, er war verwirrt und orientierungslos.

Die Ärzte wussten auch nicht weiter und schlugen eine Weiterbehandlung in Senegal vor. Jedoch stellte sich nun heraus, dass Dr. Leo Sibomana keinen Pass mehr besaß. Nun war guter Rat teuer und Frau Sibomana war dieser Situation hilflos ausgeliefert. Was konnte man am besten für ihren Mann tun? Ich fuhr also zur Deutschen Botschaft. Nachdem Frau Sibomana als Deutsche schon lange mit ihrem Mann verheiratet war, konnte ich erreichen, dass Dr. Sibomana mit vorübergehenden Papieren und einer Ausreisegenehmigung zusammen mit seiner Frau nach Regensburg reisen konnte. Dort kam er zu einem gründlichen Gesundheitscheck ins Krankenhaus der Barmherzigen Brüder.

Über die Ursache für das Koma und seinen damaligen Zustand konnten die Ärzte in Deutschland auch nur spekulieren. Man vermutete, dass Dr. Sibomana an einer Malaria tropica erkrankt gewesen war, die aber von den Ärzten in Niger wohl behandelt wurde. An eine Rückkehr nach Niger war jedenfalls nicht mehr zu denken. Wie es sich dann so fügte, war das die Zeit, in der meine Mutter in ein Pflegeheim umsiedelte und somit eine voll ausgestattete Wohnung zurückließ. Meine Familie und ich überließen den Sibomanas diese Unterkunft, in der sie seither leben.

So traurig und dramatisch Dr. Sibomanas Ausscheiden aus dem Berufsleben auch war, die Hilfsaktion musste sich alsbald darum kümmern, wer seine Aufgaben in Niger übernahm. Unsere Wahl fiel auf Mamoudou. Er hatte sich über die Zeit stets weitergebildet und auch Managementkurse besucht.

Ohne den tollen Aufbau durch Dr. Sibomana und die anschließende Weiterführung durch Mamoudou hätten wir nicht erreicht, was wir bis heute erreicht haben.

Help for Kids

Das ehrenamtliche Engagement hinterlässt Spuren, immer. Was man erlebt, welche Krisen man meistert und welche tiefe Befriedigung daraus erwächst, können nur Menschen nachvollziehen, die ebenfalls engagiert sind. Ein solch engagierter Helfer ist Christian Herrmann, der 1999 mit seinem TV-Team zum ersten Mal nach Niger kam, um über unsere Arbeit vor Ort für den Bayerischen Rundfunk zu berichten.

Er war über die Jahre hinweg stets an meiner Seite, wenn auch nicht ständig in Niger.

Er hatte mittlerweile eine eigene kleine Kinderhilfsaktion gegründet, die *Hilfe für Kinder – help for kids e. V.*, die sich in den ersten Jahren ihres Bestehens hauptsächlich um die Nothilfe in Indien kümmerte. Nun, 2008, sollte die Hilfe auf Niger ausgeweitet werden. Angesichts der wieder steigenden Anzahl unterernährter Kinder planten wir gemeinsam für den Herbst 2008 einen Kinderärzte-Einsatz in Birni N'Konni, in der Provinz Tahoua, wo wir nach der großen Hungersnot im Jahr 2005 noch eine kleine Ernährungsstation unterhielten.

Die Kooperation im Bereich humanitärer Hilfe ist für mich immer selbstverständlich gewesen. Es ist so wichtig, dass wir alle an einem Strang ziehen, und so musste ich gar nicht überlegen, Christian Herrmanns Angebot anzunehmen. Zumal die Behandlung unterernährter Kinder auch verhindern konnte, dass sich die Noma-Krankheit ausbreitete.

Bei einem vorbereitenden Treffen in Deutschland lernte ich das Team rund um den Kinderarzt Dr. Bernd Simon kennen. Sie konnten mich schnell von ihrer Kompetenz und Auslandserfahrung überzeugen. Die Ärzte waren zusammen schon mehrmals in anderen afrikanischen Ländern unterwegs gewesen und wussten dementsprechend, was auf sie zukam. Christian Herrmann würde als Vorsitzender des Vereins ebenfalls mit dabei sein. Insofern hatte ich vollstes Vertrauen, dass auch die Afrika-Novizin Regina Lischka als medizinische Assistentin den Einsatz unterstützen konnte.

Im Oktober 2008 startete das sechsköpfige Team mit rund einer Vierteltonne medizinischer Ausrüstung und Medikamenten nach Niamey. 14 Tage sollten sie im Land sein und – im Unterschied zu unseren Noma-OP-Kampagnen – allen Kindern helfen, die sich in den eingerichteten Camps vorstellten.

Die ersten Tage verbrachten die Ärzte in Niamey. Mamoudou hatte einen Rundfunkaufruf initiiert, der in Niamey und Umgebung auf den medizinischen Service aufmerksam machte. Um ehrlich zu sein, hatten wir mit solch einer überwältigenden Resonanz nicht gerechnet. Wir hatten in einem der Armenviertel der Hauptstadt Niamey eine provisorische Krankenstation eingerichtet: ein mit Stroh überdachtes Areal von nicht mehr als vier mal acht Metern, ausgestattet mit vier Behandlungsliegen. Als wir am Morgen dorthin kamen, hatte sich bereits eine große Gruppe wartender Mütter mit ihren Kindern eingefunden. Wir brauchten dringend einen Plan B, um die ganze Mission nicht sofort am ersten Einsatztag zu gefährden.

Während Mamoudou die Frauen zur Ordnung rief und einen Wartebereich absteckte, fertigte ich aus einem Pappkarton kleine Schilder mit Zahlen drauf. Einer der Ärzte wurde gebeten, im Schnellverfahren eine erste Einschätzung des jeweiligen Gesundheitszustands der kleinen Patienten vorzunehmen und dementsprechend die kleinen Pappschilder auszugeben, um eine Reihenfolge der Behandlung zu ermöglichen. Alle Kinder mit einer 1 auf dem Pappschild hatten oberste Priorität. Und glauben Sie mir, es waren viele Kinder, die so bewertet wurden. Während Regina Lischka schnell eine notdürftige Apotheke aufbaute, packte Christian Herrmann überall dort mit an, wo eine zusätzliche Hand gebraucht wurde.

An diesem ersten Tag arbeiteten die Kinderärzte und alle Helfer neun Stunden quasi nonstop. Bei rund 40 Grad im Schatten war das wahrlich kein Vergnügen und dennoch mussten wir das Team regelrecht zwingen, sich auch selbst mal eine (Trink-)Pause zu gönnen. Schon in den ersten Stunden des Einsatzes stellte sich heraus, dass offenbar die Malaria akut das größte Problem darstellte. Christian Herrmann, der als erster Vorsitzender des Vereins auch über die Finanzen wachte, entschloss sich spontan, noch einen Großeinkauf in der Nationalapotheke in Niamey zu tätigen, um auch für die kommenden Tage gut gerüstet zu sein.

Neben Malaria und Unterernährung gab es vor allem Wurmerkrankungen, Lungenentzündungen und infizierte Pilzinfektionen zu behandeln. Nach drei Tagen in der Hauptstadt brachen wir dort unsere Zelte ab und fuhren 400 staubige Kilometer hinaus aufs Land nach Birni N'Konni.

Die Tage in Niamey waren schlimm, die Tage in Birni N'Konni waren schlimmer. Um sich einen Eindruck dieses Einsatzes zu machen, genügt eine Zahl: 1874. So viele Kinder wurden in zwölf Einsatztagen behandelt. Auch hier in Birni N'Konni hatte Mamoudou Radioaufrufe gestartet und auch hier erwarteten die Ärzte bereits am ersten Einsatztag eine unüberschaubare Menge wartender Frauen mit ihren Kindern. Unser Team vor Ort wurde durch nigrische Ärzte rund um Dr. Illo verstärkt. Mariama, die unsere kleine Ernährungsstation normalerweise leitet, übernahm administrative Aufgaben wie das Registrieren der kleinen Patienten. Die Ärzte wechselten sich in der Vorabsichtung der Patienten ab und Regina Lischka organisierte in einem kleinen Nebenraum, der eine Klimaanlage hatte, die Camp-Apotheke.

Das gesamte Team war mit Herzblut bei der Sache. Nebenbei betreute Christian Herrmann auch noch ein Kamerateam vom Bayerischen Rundfunk. Über diesen fulminanten ersten Einsatz des *Help for kids – medical service* berichtete er nämlich in einem »*Sternstunden*-Kalender«. Für jedes der 24 Projekte, die in der Vorweihnachtszeit im Bayerischen Fernsehen vorgestellt und zu denen zu Spenden aufgerufen wurde, gab es einen prominenten Paten. Wie schon in den Jahren zuvor, als die *Hilfsaktion Noma e. V.* im Mittelpunkt eines solchen Beitrags stand, war es auch 2008 die Schauspielerin Senta Berger, die diesem Beitrag eine so persönliche Note verlieh. Ich war und bin sehr glücklich darüber, dass diese wunderbare Frau sich immer wieder für die Not der Kinder in Afrika einsetzt. Es braucht eben auch prominente Unterstützer(innen), um die Aufmerksamkeit einer breiten Öffentlichkeit zu erreichen.

Bei unsrem Ärzteeinsatz war es wunderbar, zu erleben, dass auch die TV-Crew, sobald sie die Kamera aus der Hand legte, bei unserer Arbeit mithalf. Es wurden wirklich viele Hände gebraucht, um diesem Ansturm gerecht zu werden.

Obwohl wir so vielen Kindern halfen und ihnen damit das Leben retteten, konnten wir nicht immer siegen. Ein Kind, um das die Ärzte alle gemeinsam drei Stunden lang gekämpft hatten, verstarb später auf der Krankenstation. Hinter einem solchen Ereignis treten die Hunderte anderen geretteten Kinder für einen Moment zurück. Bedrückende Stille legte sich über das Camp.

Doch schon der nächste Notfall riss uns aus unserer Lethargie und generierte die Energie, noch mehr Kindern das Leben zu retten. Ein Arzt sagte während des Einsatzes zu mir: »Diese Kinder sind dem Tod näher als dem Leben. Doch wenn sie dir danach ein Lächeln schenken, dann ist das Lohn genug für all die Mühe.« Ich schickte ein Stoßgebet gen Himmel, dass diese Einstellung nicht allzu schnell verfliegen würde. Am Ende der Reise waren sich alle Beteiligten einig, dass sie wiederkommen würden. Nicht mehr so lange am Stück, denn die 14 Tage hatten das Team definitiv aufgerieben, dafür aber regelmäßig.

Hilfe für Kinder – die Zweite, Dritte und Vierte

Was Christian Herrmann verspricht, das hält er auch. Gleich im Frühjahr des Folgejahres war er wieder mit dem gleichen Ärzteteam vor Ort in Birni N'Konni. Diesmal konzentrierte man sich auf die Arbeit im Süden des Landes und machte nicht noch einmal einen zusätzlichen Stopp in Niamey. Auch der zweite Einsatz, der zehn Tage dauerte, war wieder ein voller Erfolg. Diesmal waren es vor allem die unterernährten Kinder, die das Team auf Trab hielten. Da war zum Beispiel ein zweijähriger Junge, der nur fünf Kilo wog und der dank des hingebungsvollen Einsatzes des Teams gerettet werden konnte. Um Impfstoffe und Infusionen kühl zu lagern, schaffte *Help for Kids* einen großen Kühlschrank an.

So oder so gab es bei jedem Einsatz etwas oder jemand Besonderes, der oder das schlussendlich auch einen bleibenden Eindruck hinterließ. Auf der dritten Reise war es beispielsweise der keine Mubarak. Sein Zwillingsbruder und er kamen mit der Mutter ins Ärzte-Camp – ein Bild, was die Ärzte und Helfer so schnell nicht vergessen werden. Auf dem Rücken der Mutter thronte Mubaraks Zwillingsbruder. Er war ein properes Baby mit rundem Gesicht. Im Arm der Mutter lag Mubarak in ein Tuch gewickelt. Kaum zu glauben, dass das Zwillinge sein sollten. Das sogenannte Zwillingsschicksal zeigte sich hier von seiner deutlichsten Seite: Der von Anfang an trinkschwache Mubarak wurde immer kraftloser, während sein Bruder offensichtlich Muttermilch für zwei trank. Die beiden waren sechs Monate alt und der Entwicklungsunterschied war offensichtlich. Bei der Registrierung brachte der kleine Mubarak gerade mal 2 950 Gramm auf die Waage. Er war so zerbrechlich, kaum mehr als Haut und Knochen. Unfassbar!

»Bei uns zu Hause wiegen die meisten Babys bei der Geburt schon mehr«, flüsterte Regina Lischka, die neben mir stand, entsetzt. Wir alle waren sprachlos – aber nicht tatenlos. Die Ärzte untersuchten den kleinen Wicht und kamen zu dem Schluss, dass man an diese dünnen Ärmchen keine Infusion würde setzen können.

»Wir können es nur mit einer Pipette versuchen«, sagte schließlich Dr. Erwin Hirschmann, mit damals 79 Jahren der Senior im Ärzteteam.

»Ich mach das«, meldete sich Regina Lischka sofort.

Und so saß sie stundenlang an Mubaraks Bettchen, um seinen Schlaf zu überwachen. Regelmäßig flößte sie dem Winzling mit einer Pipette kleinste Nahrungsmengen ein. Ihrer Beharrlichkeit und dem Überlebenswillen des kleinen Mubarak war es zu verdanken, dass er täglich zunahm und noch bevor das Team sich auf die Heimreise machen musste, war der kleine Junge über den Berg.

Eine Erfolgsgeschichte, wie sie im Buche steht. Und sie steht wirklich immer noch in unserem Registerbuch festgeschrieben, denn seit damals sind Mubarak und seine Familie im Ernährungsprogramm der *Hilfsaktion Noma e. V.* Knapp zehn Jahre später ist aus dem Sorgenkind Mubarak ein strammer zehnjähriger Junge geworden, den so schnell nichts mehr umhaut. Sein damals wohlgenährter Zwillingsbruder starb tragischerweise vor Kurzem an Meningitis. Mubarak hingegen lebt und wird seinen Weg gehen. »Er ist ein Kämpfer«, sagte Regina Lischka damals – und sie hat Recht behalten.

Beim vierten Einsatz im Frühjahr 2010 gab es wieder einen außergewöhnlichen, wenn auch völlig anders gelagerten Notfall, der in Erinnerung blieb. Damals brachte eine Frau ihren 13-jährigen Enkel in die Krankenstation. Sein Anblick alarmierte die Ärzte sofort. Der Junge hatte einen riesigen Bauch, der sich unfassbar weit vorwölbte. Die Ärzte diagnostizieren einen sogenannten Wilms-Tumor.

»Sein Bauch schwillt seit zwei Jahren an«, erklärte die Großmutter. Weil die Mutter gerade krank und der Vater verstorben war, hatte sie sich auf den über 100 Kilometer weiten Weg zum Camp der Ärzte gemacht.

»Das letzte Mal habe ich die Ärzte verpasst, deshalb bin ich diesmal frühzeitig los«, erzählte sie.

Nach der Untersuchung des Jungen stand für die Ärzte fest, dass nun alles sehr schnell gehen musste. Der bösartige Tumor im Bauch könnte jederzeit platzen. Der Junge brauchte dringend eine Operation.

Dr. Illo, der auch Chirurg ist, erklärte sich spontan bereit, den Jungen zu operieren. Aber das ging nur in Niamey. Die Kosten für den Transport dorthin plus alle Nebenkosten wie beispielsweise der Nachsorge wurden von Mamoudou schnell kalkuliert: 500 Euro würden es sein. Die Familie des Jungen würde das unmöglich bezahlen können. Christian Herrmann und Regina Lischka waren beide im Vorstand des Vereins *Help for Kids* und beschlossen spontan, dass ihr Verein diese Kosten tragen würde.

Doch insgesamt waren es immer wieder die stark untergewichtigen Kinder, die die Helfer aus Deutschland schockierten. Auch am vorletzten Tag dieses Einsatzes drängten sich schon vor dem geschlossenen Tor der Ernährungsstation über 180 Mütter mit ihren Kindern. Gleich bei der Voruntersuchung schob Dr. Erwin Hirschmann eine 18-jährige Mutter mit ihrem neugeborenen Mädchen sofort in den Behandlungsraum. 1500 Gramm brachte die Kleine auf die Waage, das hat den erfahrenen Kinderarzt alarmiert. Ein Häuflein Mensch, dachte ich bei mir. Erstaunlicherweise ging es der Kleinen – vom Gewicht einmal abgesehen – gut. Alle Körperfunktionen und Organe waren intakt. Die Ärzte beschlossen vielmehr, die Mutter fürs Ernährungsprogramm vorzuschlagen. Damit das Baby genügend Nahrung durchs Stillen aufnehmen konnte, musste die junge Mutter bei Kräften bleiben.

Es sollte die letzte Reise sein, die das Kinderärzte-Team unternahm. Der Einsatz, der für den Herbst 2010 geplant war, musste aufgrund der Sicherheitslage in Niger und insbesondere rund um Birni N'Konni abgesagt werden.

Die Ideen, die Christian Herrmann und ich damals für den Ausbau der Krankenstation in Birni N'Konni hatten, habe ich aber weiterverfolgt. Mit etwas Glück wird noch 2017/2018 dort eine Klinik eröffnet, die sich fast ausschließlich um unterernährte Kinder kümmern wird. Ob ich die Eröffnung besuchen kann, ist noch ungewiss, denn das Gebiet rund um Birni N'Konni, das nah an der nigerianischen Grenze liegt, ist inzwischen stark unter dem Einfluss der islamischen Boko-Haram-Milizen und eigentlich eine »No-go-Area« für ausländische Besucher. Nur gut, dass ich meine Mitarbeiter vor Ort habe, die unsere Arbeit dort weiterführen.

Der Terror greift um sich

Ich erinnere mich noch gut daran, wie unbedarft ich 1995 nach Niger gereist bin. Sicher war ich vorsichtig, aber es war ein anderes Gefühl, als es heute ist. Jetzt mischt sich Angst mit Zuversicht, obwohl ich ahne, dass es nie wieder so sein wird, wie es einmal war. Das mag unter anderem daran liegen, dass die Berichterstattung über terroristische Aktivitäten präsenter ist und die vergangenen Jahre uns gelehrt haben, nichts mehr als selbstverständlich hinzunehmen. Die wichtigste Informationsquelle ist heute natürlich das Internet. Auf der Seite des Auswärtigen Amts steht schon seit Jahren folgender Hinweis: »**Von Reisen nach Niger wird dringend abgeraten.**« Und zwar genau so, in fett gedruckten Lettern. Dieser Satz verursacht bei mir regelmäßig Bauchschmerzen. Mit der zunehmenden Terrorgefahr umzugehen, fällt mir schwer. Mittlerweile besteht fast überall im Land ein »unkalkulierbares Anschlags- und Entführungsrisiko«, wie es in der Behördensprache heißt.

Für unseren Verein hat das Konsequenzen. Die meisten Kinderhäuser außerhalb von Niamey sind für mich unerreichbar geworden. Ich kann in diesem Zuge gar nicht oft genug betonen, wie froh ich bin, dass wir in den Jahren zuvor auf eine konsequente Ausbildung unserer einheimischen Mitarbeiter gesetzt haben. Diese leisten ihre Arbeit weiterhin vor Ort, doch wir als westliche Initiatoren der Projekte können nicht mehr dorthin reisen.

Das Auswärtige Amt schreibt zudem: »Vor Reisen außerhalb von Niamey wird gewarnt. Dies gilt ausdrücklich auch für den Nationalpark ›W‹. Es wird darauf hingewiesen, dass auch in Niamey ein unkalkulierbares Anschlags- und Entführungsrisiko besteht, auch wenn sich die Sicherheitslage in der Stadt durch verstärkte Polizei- und Militärpräsenz stabilisiert hat. Insbesondere größere Menschenansammlungen sollten gemieden werden. Deutlich erhöhte Anschlags- und Entführungsrisiken bestehen u. a. für Ziele, an denen regelmäßig westliche Staatsangehörige verkehren.«

Es wird eng in Niger. Und selbst in der Hauptstadt Niamey, rund um unsere Klinik und ums Kinderhaus, haben wir zusätzliche Sicherheitsmaßnahmen ergreifen müssen. Früher waren es freie und offen zugängliche Gebäude, heute beschäftigen wir zusätzliches Wachpersonal. Es gibt Mauern, Stacheldraht und Videokameras, zudem passt die Sicherheitspolizei auf uns auf.

Dennoch passiert es immer öfter, dass Ärzte nicht mehr mitreisen wollen, weil für sie persönlich das Risiko nicht kalkulierbar scheint. Ich verstehe das – und ich bedauere das. Trotzdem gelingt es uns, die OP-Kampagnen ein bis zwei Mal pro Jahr durchzuführen – nur dass jetzt oftmals mehr Patienten innerhalb kürzerer Zeit behandelt werden.

Im Sommer 2017 beispielsweise wurden bei einem nur zehntägigen Einsatz 49 kleine Patienten operiert. Natürlich haben wir nicht genügend Platz in der Klinik, um alle auf einmal dort aufzunehmen. Und hier genau kommen wieder unsere Kinderhäuser ins Spiel. In einem perfekt abgestimmten Rotationsverfahren werden die Kinder im Kinderhaus aufgenommen und auf die Operation vorbereitet. Erst am Tag vor der geplanten OP siedeln sie in die Klinik über und bleiben dort exakt nur so lange, bis sie nicht mehr bettlägerig sind. Die meisten kehren innerhalb von zwei, drei Tagen wieder ins Kinderhaus zurück, um dort nachversorgt zu werden.

Für die Ärzte, die an solchen Kampagnen teilnehmen, ist das harte Arbeit. Selbst in ihrer kurzen freien Zeit können sie die geschützten Areale nicht verlassen. Das wäre einfach nur fahrlässig. Insofern verlagert sich die Kompetenz für die Auswahl und Vorbereitung der Noma-Patienten voll und ganz auf das einheimische Personal in den Kinderhäusern.

Den Noma-Kindern eine Zukunft schenken

Schon zu Beginn unserer Arbeit in Niger stand die Idee im Raum, dass wir den Nachteil, den die Noma-Patienten bedingt durch die körperlichen Einschränkungen erfahren, durch einen Bildungsvorteil ausgleichen wollten. Das haben wir über all die Jahre auch getan.

So werden die Kinder unterrichtet, lernen Lesen, Schreiben und Rechnen. Manchen besorgen wir auch eine weiterführende Schulbildung, andere wiederum erlernen ein Handwerk. Besonders beliebt ist die Lehre bei einem Schneider. Sehr viele ehemalige Noma-Patienten wählten diesen Beruf. Für eine solche Ausbildung muss man in Niger so wie in den meisten Entwicklungsländern bezahlen und bekommt logischerweise auch keinen Lohn. Diese Unkosten tragen wir. Ist die Lehre beendet, bekommen unsere Schützlinge ein »Startpaket«, um sich eine eigene Existenz aufzubauen. Bei den Schneidern sind das eine Nähmaschine, das nötige Handwerkszeug wie Scheren, Nadeln und Garne, sowie eine kleine Stoffauswahl. Die meisten konnten sich damit ein Geschäft aufbauen.

Andere wiederum wünschen sich einen Esel und einen Karren, um ein kleines Transportunternehmen zu betreiben. Auch solche Ideen werden von uns unterstützt.

Ein besonderes Beispiel für diese Zukunftssicherung ist Souleymane Moumouni. Er litt selbst unter Noma und wurde 2013 von unseren Ärzten operiert. Damals schlossen sie ein Loch an seinem rechten Nasenflügel, das durch die Krankheit entstanden war. Der heute 22-Jährige entschloss sich, selbst Krankenpfleger zu werden: »Die Pfleger haben sich so toll um mich gekümmert, dass ich jetzt auch anderen helfen will.«

Souleymane, der aus Falmey, einem Dorf im Süden Nigers an der Grenze zu Benin stammt, wird seine Ausbildung 2018 beenden und nach erfolgreichem Diplom hoffentlich unser Team unterstützen.

Das ist genau die Zukunft, in die wir investieren müssen!

KAPITEL 6

DER SCHMALE GRAT

Eine der ersten Erkenntnisse, die mir vor über 20 Jahren vermittelt wurden, war folgende: »Humanitäre Hilfe kostet.« Dieser Satz war das persönliche Mantra einer damaligen Mitarbeiterin der GTZ in Niger. Das ist hängen geblieben – und erst viele Jahre später habe ich wirklich verstanden, was das bedeutet. Damals in den 1990er-Jahren hatte ich kein Problem damit, um Unterstützung zu bitten. Im Gegenteil: Ich war, natürlich mithilfe von meinem Mann Paul, Weltmeister im Briefeschreiben, ständig auf der Suche nach Unterstützung. Ich hatte immer wieder neue Ideen für Projekte, die die *Hilfsaktion Noma e. V.* im Kampf gegen die Noma-Erkrankung voranbringen könnten. Wollte ich ganz am Anfang nur einem Kind helfen, so habe ich, gemeinsam mit meinen Mitarbeitern vor Ort und der Unterstützung durch den Verein, in der Konsequenz mittlerweile über 150 000 Kindern und deren Familien geholfen.

Weil aber humanitäre Hilfe eben etwas kostet, braucht man Geld. Über die vielen Jahre aktiver Vereinsarbeit haben wir – getragen von der Zustimmung der Mitgliederversammlung und des Vorstands – verschiedene mögliche »Quellen« akquiriert. Unser Engagement begann mit einer klassischen weihnachtlichen Spendenaktion der Regensburger Schulen. Das Geld genügte gerade so, um die Kosten für den Aufenthalt und die medizinische Versorgung für zwei Noma-Kinder zu decken.

Es gab sicher einen Zeitpunkt, an dem sich die Vereins- und Vorstandsmitglieder die Frage gestellt haben, ob und wie wir weitermachen sollen. Doch mit der Erkenntnis, dass es noch so viel zu tun gab, eröffneten sich auch für die Unterstützung immer neue Perspektiven. So war beispielsweise *Sternstunden*, die Benefizaktion des Bayerischen Rundfunks über viele Jahre ein treuer Partner. Mit deren finanzieller Unterstützung konnten wir zahlreiche an Noma erkrankte Kinder nach Europa holen, um sie hier operieren zu lassen. Sie sponserten zudem einige OP-Kampagnen in Niger und halfen beispielsweise, die Kinderhäuser in Tahoua und Maradi aufzubauen. Auch den Bau der Noma-Klinik in Niamey hat *Sternstunden* maßgeblich unterstützt.

Um an Gelder zu gelangen, mussten wir Förderanträge stellen, Begründungen liefern und zum Schluss Abrechnungen machen. Für die Aufbauhilfe in Niger waren diese Unterstützungen unersetzlich.

Durch unsere Kooperation mit *INTERPLAST Germany e. V.* und durch die Fürsprache der GTZ bekamen wir auch Zugang zu staatlicher Unterstützung aus dem Bereich der Entwicklungshilfe. In diesem Bereich galt es ebenfalls, Anträge zu stellen, Kalkulationen zu machen und viele Formulare auszufüllen. Die obligate Schlussabrechnung war selbstverständlich.

Wenn die Medien, beispielsweise der Bayerische Rundfunk oder RTL via *stern TV*, über unsere Arbeit berichteten, wirkte sich das ebenso positiv auf den Kontostand der Vereinskasse aus. Dennoch war es über viele Jahre ein ständiger Balanceakt zwischen möglichen Einnahmen und sicheren Ausgaben. Die kontinuierliche Arbeit der *Hilfsaktion Noma e. V.* hing nicht nur von ständig neuen Projekten ab, sondern eben auch von beispielsweise einem zuverlässigen Personalstand in Niger. Die Kinderhäuser müssen erhalten und betrieben werden.

Viele Kosten trugen die aktiven Vereins- beziehungsweise Vorstandsmitglieder selbst und zahlten so nicht nur durch persönliches Engagement, sondern auch aus eigener Tasche beispielsweise Fahrtkosten oder Spesen. Zu einem Zeitpunkt, an dem die ausgeglichene Bilanz dringend einen neuen Impuls brauchte, stand Sir Peter Ustinov an unserer Seite.

Lassen Sie uns nicht über Geld sprechen ...

Um die Jahrtausendwende traf ich Sir Peter Ustinov in München. Er residierte im »Hotel Bayerischer Hof« und hatte uns zum Gespräch eingeladen. Der große Schauspieler mit dem feinsinnigen Humor war eine Persönlichkeit und ich sank ein bisschen tiefer in den weichen Sessel der Lobby des Nobelhotels, als er aus dem Aufzug auf uns zukam.

Ich hatte sofort wieder die Bilder aus den alten Agatha-Christie-Verfilmungen im Kopf, als Ustinov beispielsweise die Rolle des Detektivs Hercule Poirot in *Tod auf dem Nil* spielte. Nun kam der 79-Jährige langsam auf uns zu. Ich wusste nicht viel über ihn, nur dass er gern als »Weltbürger« und »Multitalent« bezeichnet wurde. Ustinov war nicht nur Oscar-prämierter Schauspieler, sondern auch Künstler, Schriftsteller und Regisseur – und er war ein Mensch, der sich Zeit seines Lebens sozial engagiert hatte. Über viele Jahre war er UNICEF-Botschafter und eben jetzt stand er an dem Punkt, etwas Eigenes aus der Taufe zu heben. »Kein Engagement für eine gute Sache ist jemals vergebens«, soll er mal gesagt haben.

Ich jedenfalls war sehr aufgeregt, ihn zu treffen. Zur Unterstützung hatte ich meinen Mann Paul an meiner Seite. Christian Herrmann war auch dabei. Ebenso wie Dr. Peter Köster und Susanne Paschen, die Sir Peter Ustinov managten. Christian Herrmann hatte dieses denkwürdige Treffen arrangiert.

Sir Peter Ustinov trug sich mit dem Gedanken, eine Stiftung ins Leben zu rufen. Diese sollte sich unter anderem um notleidende Kinder in aller Welt kümmern. Die *Hilfsaktion Noma e. V.* war eine der ersten Organisationen, die von der Stiftung Unterstützung erhielten.

Über die Jahre erwuchs daraus eine verlässliche Partnerschaft, die eine solide Basis für unsere Aktivitäten vor Ort darstellte. Planungssicherheit war das Schlüsselwort unserer Zusammenarbeit.

Als Sir Peter Ustinov 2004 starb, war das auch für uns ein tragischer Verlust. Auch wenn sein Tod ob seines hohen Alters von 82 Jahren vorhersehbar war, bedeutete es für uns, einen prominenten Unterstützer zu verlieren. Ich fuhr damals zur Beisetzung in die Schweiz. Beim anschließenden Begräbnis-Kaffee gesellte sich ein Herr zu mir, der sich als der professionelle Fundraiser für die *Sir Peter Ustinov-Stiftung* vorstellte.

»Lassen Sie uns jetzt aber nicht über Geld reden«, unterbrach ich seinen Redefluss.

Er lächelte milde: »Selbstverständlich nicht. Aber Sie sollten langfristig darüber nachdenken, wie Sie ohne die Stiftung weitermachen wollen.«

Ehrlich gesagt hatte ich mir darüber noch überhaupt keine Gedanken gemacht.

»Ob und wie die Erben die Stiftung weiterführen, können wir noch nicht wissen«, erklärte er mir zweideutig.

Zurück in Regensburg setzte ich mich an den Computer und recherchierte zum Thema Fundraising. Das Geschäftsmodell war und ist überall auf der Welt Normalität. Nur in Deutschland steht man dieser legitimen Form der Spendenakquise besonders kritisch gegenüber, obwohl humanitäre Hilfe einfach Geld kostet. Ich streckte trotzdem meine Fühler aus und informierte mich beim zuständigen Finanzamt Regensburg.

Unsere Sachbearbeiterin war wenig erfreut und verwies mich an übergeordnete Stellen. Da ich für meine Hartnäckigkeit und meinen Überzeugungswillen bekannt bin, gelang es mir, den Leiter der Behörde zu überzeugen.

So stieß die *Hilfsaktion Noma e. V.* mit dem Segen der Mitgliederversammlung und des Finanzamts zu neuen Ufern vor. Das, was viele andere Hilfsorganisationen tun, um ihre Arbeit zu finanzieren, machten wir jetzt auch.

Der Verein war schon lange aus den Kinderschuhen herausgewachsen und deshalb lag es auch in unserer Verantwortung, ihn in eine sichere Zukunft zu führen. In dem Buch *Der kleine Prinz* von Antoine de Saint-Exupéry heißt es: »Man ist zeitlebens für das verantwortlich, was man sich vertraut gemacht hat!«

Eine solide (finanzielle) Vereinsbasis schaffen

Ein sporadisches Spendenaufkommen lässt keine kontinuierliche Arbeit zu. Aber strukturierte Hilfe war nötig, um die Krankheit Noma systematisch zu bekämpfen. Und »systematisch« ist eben nicht kurzfristig oder einmalig. Neben Gehältern für die angestellten Krankenpfleger und Ärzte vor Ort benötigen wir dort auch Geld, um zum Beispiel neue Fahrzeuge anzuschaffen, die im Wüstenland Niger innerhalb kurzer Zeit verschlissen sind. Denn nur mit den geeigneten Fahrzeugen können unsere Mitarbeiter in die entlegenen Dörfer gelangen, um Kinder mit Noma zu unseren Stationen zu bringen. So stand der Verein vor einer Grundsatzentscheidung: Fahren wir die Hilfe drastisch zurück oder holen wir uns professionelle Hilfe, um langfristig die Arbeit in Afrika finanziell abzusichern?

Nach langen und reiflichen Überlegungen entschied sich die Mitgliederversammlung am 29. September 2004 für die Unterstützung von außen, die viele andere Organisationen schon längst in Anspruch nahmen. In unserem Fall haben wir zudem über die Jahre versucht, die *Hilfsaktion Noma e. V.* auf eine breitere Basis zu stellen – über Regensburg, Bayern und Deutschland hinaus nach Europa. Wir gründeten sukzessive Partnerorganisationen in Österreich, Tschechien und Belgien. In der Schweiz halfen wir Noma-Organisationen dadurch, dass sie unsere Arbeit begleiten und von unseren Mitarbeitern lernen konnten.

Die Entscheidung, Fundraising zu betreiben, erscheint auf den ersten Blick kostenintensiv. Der Aufbau eines sogenannten Spenderstammes ist teuer, denn die Bindung der Unterstützerinnen und Unterstützer erzeugt Kosten. Zahlreiche Spendenbriefe müssen konzipiert, erstellt und verschickt werden, um eine verlässliche und stabile Anzahl von Spenderinnen und Spendern zu etablieren. Dabei verursachen die Kosten der Spenderbriefe rund ein Drittel der Verwaltungskosten; die Herstellung der Briefe, Überweisungsträger, Faltblätter, Beileger, Telemarketing und die Mehrwertsteuer ergeben den Rest. Doch nur so konnten wir eine solide, finanzielle Basis schaffen und bis heute erhalten, um die Weiterführung unserer Arbeit in Afrika zu garantieren.

Entscheidend für uns ist, dass dabei stets die Vorgaben der Finanzbehörden und des Gesetzgebers konsequent eingehalten werden. So gewährleisten wir, dass unser Verein vom Finanzamt Regensburg als gemeinnützig anerkannt wird und die Hilfe in Afrika weitergehen kann. Wir wollten und müssen versuchen, die Krankheit zu stoppen. Dies ist nur durch Aufklärung, Prävention und Präsenz möglich. Deshalb haben wir in Niger eine chirurgische Klinik, vier Kinderhäuser, ein Trainingszentrum und ein Ernährungszentrum eingerichtet, die monatliche Fixkosten verursachen. Zudem gibt es ein Trainingszentrum in Niamey, in dem wir in Kooperation mit der Weltgesundheitsorganisation und dem nigrischen Gesundheitsministerium medizinisches Personal aus Westafrika in der Behandlung und Prävention von Noma schulen. Auch die geplante Ernährungsklinik für schwer unterernährte Kinder in Birni N'Konni steht kurz vor der Eröffnung und soll bald ihre Arbeit aufnehmen.

Hilferuf aus Guinea-Bissau

Jeder Mensch hat etwas, das ihn antreibt. Etwas, was die Aufmerksamkeit und Motivation aufrechterhält, etwas, das verhindert, gegenüber den Ereignissen im Umfeld abzustumpfen. Es gehört zur bitteren Realität, dass Hunger, Armut und Krankheit nicht an Ländergrenzen haltmachen. Das gilt insbesondere in Afrika. Im Frühsommer 2008 erreichte mich daher eine E-Mail aus Guinea-Bissau. Der Staat liegt in Westafrika und gehört wie Niger zu den ärmsten Ländern der Welt. Etwa zwei Drittel der 1,4 Millionen Einwohner leben unterhalb der Armutsgrenze. Amtssprache ist Portugiesisch.

Drei Doktoren meldeten sich bei mir, nachdem sie unsere Website www.hilfsaktionnoma.de besucht hatten. Dr. Abdulay Keita war die treibende Kraft. Der studierte Psychologe, der in Genf für die UNO arbeitete, war auf Heimaturlaub in Guinea-Bissau und hatte dort auch seine Schwester besucht, die damals einen vierjährigen Sohn hatte – Mamadu. Der Kleine war schwer erkrankt und so hatte der Onkel den Jungen zu seinen Studienkollegen gebracht, dem Zahnarzt Dr. Mamadu Cande und dem Chirurgen Dr. Intchasso Lassana. Trotz der geballten Fachkompetenz konnten sie sich keinen Reim auf die merkwürdigen Symptome machen: Innerhalb weniger Wochen war Mamadu extrem abgemagert und hatte Geschwüre im Gesicht, die Lippen und Wangen mit rasanter Geschwindigkeit »wegfraßen«. Auf unserer Website, die neben Deutsch auch in Englisch und Französisch angeboten wurde, fanden sie Bilder, die dem ähnlich sahen, was sie beim kleinen Mamadu beobachtet hatten. Also schrieben sie mir eine E-Mail und schickten Fotos des Jungen mit – und ich erkannte auf den ersten Blick: Das war Noma.

Ich leitete die E-Mail an Mamoudou nach Niamey weiter und bat ihn, sich um die Anfrage zu kümmern. So kam es, dass nur wenige Wochen später der kleine Mamadu mit seiner Mutter nach Niamey geflogen und sofort ins dortige Nationalkrankenhaus eingeliefert wurde. Der Junge war in einem erbärmlichen Zustand. Zunächst stand seine ganz starke Unterernährung im Vordergrund der Behandlung. Diese konnte nur stationär in der Pädiatrie A im Nationalkrankenhaus behandelt werden.

Kaum zu glauben, dass der Beginn der Erkrankung erst wenige Wochen her sein sollte. Offenbar litt er an einem besonders aggressiven Bakterienstamm, der nur mit dem geballten Einsatz medizinischer Heilkunst in den Griff zu bringen war. Nach einem mehrwöchigen Aufenthalt im Krankenhaus in Niamey hatte sich sein Zustand stabilisiert. Ich erinnere mich noch, dass wir uns alle riesig gefreut haben, als er endlich wieder selbstständig aß. Das war immer das Erkennungszeichen, dass die starke Unterernährung überstanden war. Und noch größer war die Freude, als wir ihn wenig später in unser Kinderhaus in Niamey umsiedeln konnten.

In der Nacht vor seiner ersten eigentlichen Noma-Behandlung – dem Abtragen nekrotischen Gewebes – verstarb Mamadu plötzlich und unerwartet. Sein Tod schockierte uns alle. Wie in islamischen Ländern üblich, wurde er (es gab keine eigene Familie in dem fremden Land Niger) schon tags darauf beerdigt und die Mutter reiste allein nach Guinea-Bissau zurück.

Kapitel 6

Aufbauarbeit in Guinea-Bissau

Hier wäre die Geschichte des kleinen Mamadu auch schon zu Ende erzählt, doch so tragisch sie ausging, so bewirkte sie auch etwas Gutes: Wenig später erreichte mich eine E-Mail vom Gesundheitsministerium aus Bissau. Darin bedankte man sich höflich für die Hilfe und fragte, ob es angesichts des tragischen Endes von Mamadu nicht eine Möglichkeit gäbe, auch vor Ort in Guinea-Bissau medizinisches Personal für Noma zu sensibilisieren. Wir schickten Mamoudou dorthin, um ein einwöchiges Seminar abzuhalten.

Die Verantwortlichen und alle Seminarteilnehmer waren begeistert. Als Nächstes kam das Angebot, innerhalb des dortigen Nationalkrankenhauses eine kleine Noma-Station einzurichten. Und da ich neuen Herausforderungen nur schlecht widerstehen kann, kam es dazu, dass ich im September 2008 ein Kooperationsabkommen mit den Behörden in Guinea-Bissau unterzeichnete. Wir konnten in einem Seitentrakt des dortigen Nationalkrankenhauses einen Untersuchungsraum, ein Büro und ein großes Krankenzimmer beziehen.

Vier Jahre waren wir dort. Dr. Mamadu Cande wurde unser Zahnarzt und Dr. Intchasso Lassana unterstützte ihn als Chirurg und wurde später der medizinische Leiter der *Hilfsaktion Noma e. V.* in Bissau, der Hauptstadt von Guinea-Bissau. Doch unsere Möglichkeiten waren beschränkt, nicht nur durch die räumliche Enge. Schnell wurde uns klar, dass es in Guinea-Bissau im Verhältnis zur Gesamtbevölkerung ebenso viele an Noma erkrankte Kinder gab wie in Niger Mitte der 1990er-Jahre.

Im Laufe der ersten Jahre unseres Engagements in Guinea-Bissau stiegen die Zahlen der Noma-Patienten sprunghaft in die Höhe, das lag vor allem daran, dass – wie damals in Niger – die Kinder wohl versteckt wurden. Die Kinder, die uns dann vorgestellt wurden, hatten häufig eine ausgebrannte Noma, die in der Folge Defekte im Gesicht hinterlassen hatte. Eine notwendige Operation war die logische Konsequenz. Als dann in Guinea-Bissau auch noch die Cholera ausbrach und das Nationalkrankenhaus bis unters Dach belegt war, wusste ich, dass wir unter diesen Umständen keine Noma-Patienten würden behandeln können.

In dieser prekären Situation bot uns der Bürgermeister der Hauptstadt Bissau 2011 zwei Grundstücke zur Wahl an, auf denen wir ein eigenes Zentrum bauen könnten. Das von uns ausgesuchte Grundstück wurde der Hilfsaktion notariell übereignet und wir errichteten dort ein Noma-Zentrum mit integrierter Klinik. Zudem gibt es auf dem Areal einen Wohnbereich für Operationsteams und einen Schulungsbereich für medizinisches Personal. Die Aufgabe des nationalen Koordinators übernahm alsbald Mamadu Mané. Mamadu Mané gehörte zum Freundeskreis, der sich um den kleinen Mamadu aus Bissau gekümmert hatte. Zu dieser Zeit damals war er Abgeordneter im Parlament. Zuvor hatte er Agrarwissenschaften unter anderem in den USA studiert.

Am Eingang zu diesem neuen Noma-Komplex erinnert eine Gedenktafel an den kleinen Mamadu, der an Noma verstorben ist. Sein Schicksal war die Initialzündung für das Engagement der *Hilfsaktion Noma e. V.* in Guinea-Bissau, um zu verhindern, dass noch mehr Kinder an dieser Krankheit sterben müssen.

Wir setzten von Anfang an auf eine familiäre Atmosphäre innerhalb des Klinikkomplexes. Für die Unterbringung der Kinder haben wir dort zwei größere Schlafsäle vorgesehen – einen für Mädchen und einen für Jungen. Wir hielten das für eine gute Idee, um den Kindern eine Gemeinschaft zu bieten. Als wir jedoch schon wenig später ein erstes Operationsteam nach Guinea-Bissau schickten, wurde uns klar, dass das vielleicht doch keine so gute Idee gewesen war. Die frisch operierten Kinder machten denen, die noch zur Operation vorbereitet wurden, Angst, sodass wir doch wieder auf das Kinderhaus-Konzept aus Niger zurückgreifen mussten.

Inzwischen gibt es in Bissau auch ein Kinderhaus etwas außerhalb der Hauptstadt, damit wir ebensolche Ängste nicht zusätzlich schüren. Im Kinderhaus können die Kleinen ihre Scheu, die die Entstellungen zwangsläufig mit sich bringen, abbauen. Viele von ihnen erleben zum ersten Mal, dass sie mit ihren Defekten nicht allein sind. Das Vertrauensverhältnis zwischen Arzt, Patienten und Pflegepersonal ist wichtig, weil die Kinder nicht selten mehrere Monate in der Klinik und im Kinderhaus bleiben müssen, bevor alle Operationen abgeschlossen und die Wunden verheilt sind.

Die Patienten zu finden und Aufklärungsarbeit zu leisten, ist die Aufgabe von Mamadu Mané und seinem Team, einem Krankenpfleger und einem Sozialarbeiter. Die drei fahren regelmäßig hinaus in die Dörfer und vermitteln Basiswissen. Mitten auf dem Dorfplatz bauen sie dann ihre bunten, reich bebilderten Schautafeln auf und Mané erklärt den Dorfbewohnern mit einfachen Worten den typischen Krankheitsverlauf mit den unterschiedlichen Krankheitsphasen. Nicht selten kommen im Verlauf seines Vortrags immer mehr Dorfbewohner zusammen.

Nach der anschaulichen Schilderung der verschiedenen Szenarien präsentiert Mané die Lösungen, also beispielsweise die Behandlung mit Antibiotika im Frühstadium. Auf einer anderen Schautafel geht es um die Vorbeugung. Die traditionelle Art und Weise der Mundhygiene hilft da nur bedingt weiter. Dennoch erklärt Mamadu Mané den Dorfbewohnern genau, wie das übliche Zähneputzen mit einem Holzspan funktioniert. Der afrikanische Zahnpasta-Ersatz besteht aus einer Mischung aus Holzkohle und Salz. Das Wichtigste jedoch ist das Ausspülen des Mundes. Dass dafür nur sauberes Wasser infrage kommt, ist selbstverständlich, aber keineswegs überall gewährleistet. Ein Hauptanliegen der *Hilfsaktion Noma* ist daher, Eltern, Krankenpfleger, traditionelle Heiler und Schulen für die ersten Anzeichen der Krankheit zu sensibilisieren. Die betroffenen Kinder können dann in die Stationen des Vereins in Niger und Guinea-Bissau gebracht werden. Hier werden sie untersucht und medizinisch versorgt.

An manchen Tagen findet Mamadu Mané auch ein verstecktes Kind. Vor drei Jahren war es beispielsweise die kleine Aua. Trotz aller Aufklärung gibt es vor allem in Guinea-Bissau noch viele Fälle mit extremen Defekten, die einen monatelangen Klinikaufenthalt nötig machen.

Aua war vier Jahre alt, als Mané sie fand. Ihr Gesicht wurde von den Bakterien förmlich zerfressen. Ähnlich wie bei Massaoudou aus Niger klaffte in ihrem Gesicht ein großes Loch, wo eigentlich Nase und Oberkiefer sein sollten. Ohne das Tuch, das die Wunde verdeckte, wagte sie sich nicht mehr aus der elterlichen Hütte. Schon nach einer ersten Begutachtung stand fest, dass sie zur Operation nach Deutschland fliegen würde. Die schweren Schäden ließen sich vor Ort nicht beheben. In ihrem Fall waren Knochentransplantationen notwendig, die nur in sehr aufwendigen Operationen in Europa möglich sind.

Doch bevor es auf die große Reise ging, musste der Bürokratie genüge getan werden. Mit der Unterschrift der Eltern wurde der Weg für Operationen und den Auslandsaufenthalt frei gemacht. Aua wurde in Bad Kreuznach von Dr. André Borsche und seinem Team von *INTERPLAST Germany e. V.* operiert. Auch hat der Arzt persönlich eine sehr kompetente und fürsorgliche Pflegefamilie gefunden. Die Familie gab Aua den notwendigen Schutzraum, um gesund zu werden. Aber auch die Menschen in der Stadt selbst nahmen an dem Schicksal des kleinen Mädchens großen Anteil und wieder einmal wurde es möglich, gemeinsam zu helfen.

Mir ist natürlich bewusst, dass diese Schicksale der an Noma erkrankten Kinder nicht jeden anrühren. Es ist kein globales Gesundheitsproblem wie Krebs, das unter Umständen alle Menschen betreffen kann. Aber die Kinder, die an Noma erkranken, können nichts dafür – und mein ganz persönlicher Antrieb ist es, diesen unschuldigen Kindern zu einem besseren Leben zu verhelfen.

Hilfe zur Selbsthilfe

Wie viele Kinder und Jugendliche an Noma erkrankt sind, weiß niemand genau. Es gibt nur Schätzungen. Die Weltgesundheitsorganisation WHO vermutet, dass zwischen 80 000 und 90 000 Kinder jährlich an Noma sterben. In einem Entwicklungsland wie Niger kommen beispielsweise auf 100 000 Einwohner bis zu 14 Erkrankte.

Das gut gemeinte Schlagwort »Hilfe zur Selbsthilfe« ist natürlich über die Jahre auch bei der *Hilfsaktion Noma e. V.* immer wieder ein Thema gewesen. Doch wie lässt sich das für unsere Arbeit umsetzen? Die Aufklärungsarbeit und die Ausbildung medizinischen Personals waren zentrale Punkte dabei. In Niger und in Guinea-Bissau wurde dazu ein Drei-Punkte-Programm gestartet, das beide Länder Noma-frei machen sollte.

Information, Erziehung und Kommunikation waren die drei Schlagworte, unter denen die Ausbildung von Multiplikatoren zusammengefasst wurde. Wobei wir vermehrt auf Menschen aus der Bevölkerung setzten, die in die Dörfer und auf die Wochenmärkte gehen sollten, um mehr Wissen über die Noma-Erkrankung zu verbreiten. Diese Multiplikatoren kamen aus allen sozialen Schichten, entstammten unterschiedlichen Ethnien und hatten verschiedene Bildungsniveaus. Oft waren die Menschen noch ohne Information. Wir mussten sie dazu bringen, die Informationen aufzunehmen und zu verinnerlichen. Nur so könnten sie ihre Verhaltensweisen ändern und die alten Gewohnheiten aufgeben, durch die sie krank wurden. Diese Arbeit wurde ergänzt durch die Impfung der Kinder gegen Krankheiten, die ursächlich mit Noma zusammenhängen, weil sie das Immunsystem beanspruchen und den Organismus schwächen.

Da die Unterernährung auch eine der Hauptursachen für Noma ist, setzt die *Hilfsaktion Noma e. V.* nach wie vor ein besonderes Augenmerk auf die Versorgung unterernährter Kinder durch kalorienreiche Ernährung im ambulanten Behandlungszentrum in Birni N'Konni in der Region Tahoua.

Seit 2009 setzen wir auch verstärkt auf die Weiterbildung nigrischer Chirurgen und entsprechenden medizinischen

Personals aus Guinea-Bissau. Um dieser Zusatzausbildung einen höheren Stellenwert einzuräumen, bekamen die erfolgreichen Teilnehmer aus diesen Lehrgängen ein Diplom, das vom nigrischen Gesundheitsminister, dem Repräsentanten der Weltgesundheitsorganisation und mir als Vorsitzende der *Hilfsaktion Noma e. V.* unterzeichnet wurde.

Wir hatten uns 2009 viel vorgenommen und durch die Einweihung unseres Weiterbildungszentrums in Niamey hatten wir auch endlich einen festen Rahmen dafür geschaffen. Siebenmal reiste ich in diesem Jahr nach Afrika. Seitdem ich das Pensionsalter erreicht hatte, gab es ausreichend Zeit dafür. Die Tätigkeiten erfüllten mich mit großer Freude und Befriedigung, weil ich förmlich mitansehen konnte, wie unsere Arbeit immer mehr Struktur gewann. Aber es war wie so oft im Laufe meiner Arbeit in Niger: Kaum hatte ich das Gefühl, die Welt ist rund, war sie schon wieder eckig.

Als ich im Sommer 2009 in Niger war, ereilte mich die Nachricht, dass unsere Leiterin des Kinderhauses in Tahoua schwer erkrankt war. Unsere starke, streitbare Fati konnte und wollte ich mir so nicht vorstellen. Ich reiste nach Tahoua und fand sie im dortigen Krankenhaus. Sie hatte wohl über all die Jahre ein Aneurysma, eine krankhafte Aussackung eines Blutgefäßes, gehabt, was nun in doch noch so jungen Jahren zu platzen drohte. Hier in Tahoua konnte man nichts für sie tun. Wir holten Fati zur Behandlung ins Nationalkrankenhaus in Niamey. Aber jede Hilfe kam zu spät. Fati starb. Ich war zwar froh, dass ich sie noch einmal gesehen hatte, aber ich war unendlich traurig, sie nie wiedersehen zu dürfen.

König Sisyphus und ich

Kennen Sie die griechische Sage von Sisyphus, dem König von Korinth? Diese geht in etwa so: Sisyphus verärgerte die Götter und die dachten sich eine ganz besondere Strafe für ihn aus. Seine Aufgabe war es nämlich, einen riesigen Steinbrocken einen Berg hinaufzurollen. Der Stein war sehr schwer und größer als Sisyphus selbst. Immer, wenn er den Stein fast bis nach oben gerollt hatte, kam irgendetwas dazwischen, sodass ihm der Felsbrocken entglitt und wieder ins Tal raste. So musste Sisyphus ständig von vorne anfangen, um den Felsbrocken von ganz unten den Berg hinaufzubringen. Um es kurz zu machen – er hat es nicht geschafft.

Ich fühle mich manchmal wie Sisyphus, denn immer wenn ich denke, ich habe meine Arbeit für die an Noma erkrankten Kinder zu einem entscheidenden Erfolg gebracht, kommt irgendein unvorhersehbares Ereignis, was uns quasi wieder von vorn anfangen lässt. Wobei »von vorne« nicht ganz korrekt ist, vielmehr sind es neue Schwierigkeiten, die sich uns in den Weg stellen.

Zwar bewährte sich unsere Initiative zur Selbsthilfe auf Dauer: Schon 2011 wurden weitere 22 nigrische Anästhesisten und fünf Assistenzchirurgen von Dr. Rainer Lukner in Zusammenarbeit mit dem nigrischen Gesundheitsministerium geschult. Dr. Lukner war Oberarzt in der Anästhesie an der Universitätsklinik in Homburg/Saar und hat über zehn Jahre bei den OP-Einsätzen in Niger als Anästhesist gearbeitet. Zudem sprach er perfekt Französisch und war dementsprechend prädestiniert für die Schulungsaufgabe.

Als Ergebnis der jahrelangen Ausbildung, die überwiegend von Dr. Illo durchgeführt wurde, zeigten sich schließlich die Operationserfolge durch die nigrischen Ärzte in unserer Klinik La Magia. 90 Operationen wurden von den nigrischen Ärzten und dem nigrischen medizinischen Pflegepersonal allein durchgeführt. Das war eine Bilanz, die sich sehen lassen konnte – auch wenn es sich dabei erst mal um Operationen für kleinere Defekte handelte.

Getrübt wurde die Freude darüber allerdings durch die immer häufiger auftretenden Hungerperioden. Auf ein gutes Jahr wie 2009, in dem wir nur 4 679 unterernährte Kinder wieder auf Normalgewicht brachten, folgte ein schlechtes Jahr wie 2010, in dem innerhalb von nur sieben Monaten 11 809 unterernährte Kinder behandelt werden mussten.

Die Einzugsgebiete unserer Ernährungsstationen weiteten sich zunehmend aus und machten auch vor Landesgrenzen nicht halt. Das machte über die Zeit einen dauerhaft hohen Einsatz von Personal und Nahrungsmitteln notwendig. Zugleich lehrte es uns wieder einmal, dass Hunger bei der Entstehung von Noma eine entscheidende Rolle spielte, auch wenn die Unterernährung und Mangelernährung nicht ursächlich verantwortlich dafür war.

Auch nachdem wir dachten, wir hätten die akuten Hungerphasen überwunden, brach 2015 eine Meningitis-Epidemie aus – und wir impften gemeinsam mit anderen humanitären Hilfsorganisationen in diesem Jahr 6 673 Menschen gegen diese Krankheit. Die Meningitis wird auch Hirnhautentzündung genannt und ist potentiell tödlich. Niger liegt innerhalb des sogenannten afrikanischen Meningitisgürtels. Dieser verläuft durch alle Staaten, die südlich der Sahara liegen, von Äthiopien bis zum Senegal. Dort kommt es in regelmäßigen Abständen vor allem während der trockenen Jahreszeit von November bis Juni zu größeren Ausbrüchen und Epidemien. Zumeist werden diese von Meningokokken des Serotyps A hervorgerufen. Die Ansteckung erfolgt von Mensch zu Mensch, entweder durch den direkten Kontakt mit Erkrankten oder durch Tröpfcheninfektion.

Das Problem an dieser Krankheit ist, dass sie häufig keinerlei Symptome hervorbringt. Nichtsdestotrotz können Infizierte die Krankheit weitertragen und andere Personen anstecken.

Es lässt sich sicherlich leicht nachvollziehen, dass man sich angesichts solcher Zahlen und Ereignisse in der Rolle eines Jongleurs fühlt, der ständig mehrere Bälle in der Luft halten muss, ohne einen davon zu verlieren. Das Problem ist zudem, dass es eben nicht weniger Bälle werden, sondern eher mehr. Es gab in der ganzen Zeit unseres Engagements überhaupt nur ein Jahr, nämlich 2009, in dem wir ganz kurz die Hoffnung hatten, unser Ziel erreicht zu haben: Es war der Zeitpunkt, als es in Niger keinen einzigen neuen Noma-Fall mit Defektbildung gegeben hatte.

Und als ob das alles noch nicht genug wäre, verschärfte sich die Sicherheitslage im Jahr 2013 dermaßen, dass selbst unsere einheimischen Mitarbeiter angewiesen werden mussten, nur noch innerhalb der Kinderhäuser zu agieren. Anstatt – wie bislang üblich – die Patienten auch aktiv vor Ort in den Dörfern zu betreuen, mussten die Patienten selbst zu den Kinderhäusern anreisen.

Trotz all der Mühsal konnten wir im Jahr 2016 mit einer positiven Bilanz für 22 Jahre Arbeit schließen: 4 210 Kinder wurden operiert und behandelt, davon 92 in Europa. 51 010 Impfungen wurden durchgeführt. 83 228 unterernährte Kinder wurden auf Normalgewicht gebracht. 986 Heilbehandlungen, aufgelistet seit 2011 (Malaria, Lungenentzündungen, Durchfall, Ruhr, Tuberkulose, Parasiten, Mund-Zahnbeschwerden) wurden durchgeführt.

KAPITEL 7

WIE ES WEITERGEHT

Wenn ich heute daran zurückdenke, wie unbedarft ich 1995 zum ersten Mal nach Niger reiste, muss ich unwillkürlich lächeln. Vor 22 Jahren war noch vieles anders – und vor allem war ich eine andere. Im Laufe der Zeit fühlte ich mich zunehmend hin- und hergerissen zwischen den Kontinenten – dem schwarzen Afrika und dem weißen Europa. Ich meine das keineswegs rassistisch, sondern ich möchte damit allein die Unterschiedlichkeit unterstreichen.

Heute fühle ich mich mit Afrika verbunden. Diese Verbundenheit rührt aus einem tiefen Verständnis, das ich über die Jahre hinweg für die Menschen dort entwickelt habe. Salopp ausgedrückt: Ich habe gelernt, afrikanisch zu denken. Das ist sicher einer der Gründe, warum ich unsere Hilfe vor Ort so strukturiert aufbauen konnte. Die Menschen brauchen solche Strukturen, an denen sie sich orientieren und auf die sie sich verlassen können. Mir selbst hilft diese Struktur, mich nicht zu verzetteln.

Auch hat sich längst meine Sichtweise auf das Vorgehen von *Sentinelles* geändert. Ich habe viel von ihnen und dem großen Edmond Kaiser gelernt. Heute arbeiten wir gemeinsam erfolgreich im Kampf gegen die Krankheit Noma.

Zudem ist mir heute mehr denn je bewusst, dass wir mit der *Hilfsaktion Noma e. V.* nicht die ganze Welt retten können. Aber die jahrelange Arbeit gegen die Ausbreitung der Krankheit Noma hat gezeigt, dass wir dieser schrecklichen Krankheit die Stirn bieten können. Es ist eine kleinteilige und oft mühsame Arbeit: vom Auffinden der Kinder über die Behandlungen und Operationen bis hin zur Integration und Aufklärungsarbeit. Dafür ist Kontinuität wichtig. Ich vergleiche die Ziele unseres Engagements oft mit einer Küche: Ich will sie nicht jeden Tag putzen müssen, nur um zu sehen, dass sie morgen wieder so aussieht wie am Tag zuvor. Dazu ist es notwendig, meine Küche so zu organisieren, dass sie sauber bleibt und das Geschaffene immer besser wird.

Übertragen auf unser Engagement in Afrika bedeutet es ganz praktisch, dass es notwendig ist, auch die Verantwortlichen vor Ort mit ins Boot zu holen – also die zuständigen Gesundheitsministerien der westafrikanischen Länder und die WHO, die uns in diesen Bestrebungen unterstützt.

Nur wer den Feind kennt, kann ihn besiegen

Wenn es um Noma geht, so mussten wir leider feststellen, dass der »Feind« überall in Westafrika ist. Er ist wahrscheinlich weiter verbreitet, als man es heute gesichert weiß. Überall dort, wo Armut und Hunger Kinder schwächt, hat Noma eine Chance anzugreifen. Deshalb suchen wir immer wieder nach neuen Wegen, um noch mehr Menschen auf diese schreckliche Krankheit aufmerksam zu machen.

Neue Wege müssen wir beispielsweise gehen, um die Hürde des Analphabetismus zu überwinden. Die Rate all der Menschen in Westafrika, die weder lesen noch schreiben können, ist extrem hoch. Wie schafft man es also, diesen Personen komplexes Wissen über eine Krankheit zu vermitteln, bei der es auf die schnellstmögliche Behandlung ankommt? In Niger ist es uns gelungen, die Gesellschaft mittlerweile weitestgehend zu sensibilisieren, indem wir Menschen aus unterschiedlichen Ethnien, Religionen und sozialen Schichten ausbilden, Informationen über Noma weiterzugeben. Jedes afrikanische Land ist in gewisser Weise multikulturell, weil es in den jeweiligen Staatsgebieten unterschiedliche Stämme gibt, die verschiedene Sprachen/Dialekte sprechen und jeweils andere Sitten und Gebräuche haben.

Diesem Umstand haben wir Rechnung getragen. Angestellte des Vereins in Niger beispielsweise kommen aus den verschiedenen Stämmen des Landes, da die ethnischen Gruppen nur Stammesangehörige akzeptieren und sich nur selten von anderen unterweisen lassen. Außerdem würden Sprachunterschiede die Verständigung erschweren. Die Mitarbeiter des Vereins klären ihre Stammesangehörigen über Noma auf und bringen erkrankte Kinder aus dem ganzen Land zu einem der vier Kinderhäuser.

Vertrauen ist der Schlüssel, um die Menschen mit unserer Aufklärungsarbeit zu erreichen. Ein anderer Weg kann Infotainment – wenn man es so nennen will – sein, also eine Mischung aus Information und Unterhaltung.

Zusammen mit nigrischen Schauspielern wurde in diesem Zuge ein traditionelles Theaterstück entwickelt. Dies ist üblich in Ländern mit hoher Zahl von Analphabeten. Das Stück handelt von einer Familie, die ein an Noma erkranktes

Kind hat. Die Eltern wundern sich, warum das Kind starken Mundgeruch und hohes Fieber hat und nichts essen will. Sie bringen das Kind zu einem traditionellen Heiler. Er schreibt den Namen der Krankheit auf eine Tafel, wäscht diese ab und lässt das Kind das Abwasser trinken. Danach schneidet der Heiler nekrotisches Gewebe, aus der Wange heraus. Viele Kinder sterben aufgrund dieser vermeintlichen Heilmethode. Im Stück erscheint dann ein Außenstehender, der über Noma informiert ist und die Eltern über Heilmöglichkeiten aufklärt. Die Hilfe ist unentgeltlich, aber die Eltern müssen schnell handeln und sich auf den Weg machen. Die Darsteller zeigen möglichst drastisch und illustrativ die Probleme der Krankheit Noma auf.

Eine andere Variante der Aufklärungsarbeit geht über die Beschäftigten im Gesundheitswesen, also über Ärzte, medizinisches Personal und soziale Arbeiter. Gemeinsam mit der Weltgesundheitsorganisation WHO hat die *Hilfsaktion Noma e. V.* ein medizinisches Lehrbuch herausgegeben, das auf rund 100 Seiten alles zusammenfasst, was es über Mundgesundheit und über das Erkennen von Noma zu wissen gibt. Über hundert Mitarbeiter im Gesundheitswesen weltweit haben dazu Experten- und Praxiswissen beigetragen. All diese Informationen zu sammeln, hat über fünf Jahre gedauert. Dank der Unterstützung durch die WHO ist dieses Standardwerk *Promoting Oral Health in Africa* in verschiedenen Sprachen erschienen, unter anderem Französisch, Englisch und Portugiesisch.

Das Buch ist in 47 afrikanischen Ländern verfügbar und bildet dort eine wichtige Grundlage, um Munderkrankungen allgemein und Noma im Besonderen frühzeitig zu erkennen.

Mein persönliches Anliegen dabei war es, Noma als »Krankheit der versteckten Kinder« aus den Hütten und Dörfern hinaus an die Öffentlichkeit zu bringen.

Noma ist keine neue Krankheit

Es wäre falsch, Noma als exotische Erkrankung zur Seite zu schieben. Denn das ist sie definitiv nicht. Die Krankheit Noma ist nicht neu, es gab sie wahrscheinlich schon immer und fast überall. Bislang weiß man wenig darüber, welche Ursachen die Krankheit hat. Salopp formuliert: Man kennt die Zutaten, aber nicht das Rezept.

Die Bezeichnung Noma leitet sich von dem griechischen Wort *nomae* ab, das einerseits als »Weidefläche« und andererseits als »Zerfressen, Zerstören« übersetzt wird. Es bezeichnet in einem Wort das Erscheinungsbild der Krankheit: Sie breitet sich auf einer »Weide« aus und »zerfrisst/zerstört« dort alles! In Deutschland wurde früher vielfach die Bezeichnung »Wangenbrand« verwendet.

Aus dem Buch *Wir lassen sie verhungern* von Jean Ziegler habe ich erfahren, dass man Noma seit der Antike kennt. Das Erscheinungsbild und die Symptome der Krankheit wurden schon damals beschrieben. Den Namen »Noma« verdankt die Krankheit Cornelius van der Voorde aus Middelburg in den Niederlanden. Dieser hat ihn zum ersten Mal 1685 in seiner Abhandlung über die Gesichtsgänge verwendet. Im 18. Jahrhundert wurde viel über Noma geschrieben. Dabei hat man die Zusammenhänge von Kindheit, Armut und Mangelernährung hergestellt. Bis zur Mitte des 19. Jahrhunderts war Noma über ganz Europa und Nordafrika verbreitet. Aus Europa zog sich die Krankheit immer weiter zurück, nachdem sich Hungersnöte und Armut minimierten und später das Penicillin erfunden wurde. Erst im Zweiten Weltkrieg trat sie in den Konzentrationslagern Bergen Belsen und Auschwitz wieder massiv auf. Viele Lagerüberlebende, die Noma hatten, trauen sich jedoch bis heute nicht, über die Krankheit zu reden. Ein Mann, der als dreijähriges Kind an Noma litt, setzte sich mit unserem Verein vor Jahren in Verbindung. Bei ihm blieben keine äußerlichen Schäden, da man ihm die befallene Mundschleimhaut abätzte.

Was sind die Ursachen für die Noma-Erkrankung?

Heute leben die meisten Noma-Patienten in Afrika. Durch die WHO weiß man allerdings, dass es die Krankheit ebenfalls in Südamerika gibt und dass man sie auch in den Indianerreservaten in Nordamerika kannte. Selbst aus Asien erreichen uns immer wieder Anfragen nach Hilfe für betroffene Menschen. Die Hauptrisikogruppe sind Kinder unter sechs Jahren. Vor allem der Zeitraum zwischen dem Abstillen und dem Zahndurchbruch scheint die Kinder besonders anfällig zu machen. Zuvor waren sie noch durch die Muttermilch mit Immunstoffen versorgt, dann fordert der Zahndurchbruch das Immunsystem heraus. Gerade in dieser Übergangszeit brauchen Kleinkinder eine gesunde, ausgewogene und vor allem regelmäßige Ernährung, um gesundheitlich stabil zu bleiben. In den besonders armen Ländern Afrikas ist das allerdings selten gewährleistet.

Ein Wegbereiter für Noma sind dann auch die virulenten Kinderkrankheiten wie Masern, Mumps und Röteln, die dort epidemisch auftreten. Im gleichen Umfang ist die Meningitis in Westafrika weit verbreitet. Was hierzulande nur Wenige wissen: All diese Erkrankungen sind für ungeimpfte Patienten hochgefährlich und können lebenslange Folgeschäden hinterlassen oder gar tödlich enden. Allein der hohen Impfquote in Deutschland ist es geschuldet, dass wir hierzulande diese Krankheiten weitestgehend im Griff haben. Denn was viele vergessen: Gegen Virusinfektionen kann selbst die modernste Medizin noch nichts ausrichten. Aber man kann dagegen impfen!

Erwachsene erkranken nur in ganz seltenen Fällen, so zum Beispiel schwangere Frauen, deren Immunsystem während der Schwangerschaft geschwächt ist, und ältere Menschen, die unter erschreckend schlechten Bedingungen leben müssen.

Die Krankheit Noma selbst wird höchstwahrscheinlich durch Bakterien ausgelöst. Dabei handelt es sich um einen Mix von Fusobakterien, Borrelien, Enterokokken, Pseudomonaden und Spirochäten, die sich glücklicherweise mit Antibiotika behandeln lassen. Unglücklicherweise sind jedoch entsprechende Medikamente nicht überall verfügbar.

Ein Rätsel ist bislang, wie die Ansteckung mit diesem Bakterienmix vonstattengeht. Eine Übertragung der Krankheit von Mensch zu Mensch scheint es nicht zu geben. Seit einiger Zeit testet die Hilfsaktion deshalb auch bei neuen Fällen mehrere Kinder aus dem gleichen Umfeld, um sicherzugehen, dass die Bakterien sich nicht verbreiten. Bei bisher 400 untersuchten Fällen der Universität Genf für die Studie GESNOMA ist es nie zu einer Übertragung der Krankheit gekommen.

Die Rahmenbedingungen spielen zwar eine entscheidende Rolle bei der Infektion, es muss aber noch ein spezieller
Trigger, also ein auslösender Moment hinzukommen, damit
die Noma ausbricht. Die wahrscheinlichen Voraussetzungen für Noma sind also
zusammengefasst:

– Unter- beziehungsweise Mangelernährung
– Immunschwächezustand durch »Kinderkrankheiten«
– mangelnde Hygiene als Wegbereiter, um mit den Bakteri-
en in Kontakt zu kommen

Nun treffen diese drei Punkte auf sehr viele Familien in
den armen westafrikanischen Staaten zu. Niger war einer
der »Hot Spots«. Aus diesem Grund betreibt die *Hilfsaktion
Noma e. V.* dort auch die Kinderhäuser, in die die Familien
ihre an Noma erkrankten Kleinkinder bringen können. Die
dortigen Mitarbeiter erkennen die Symptome und leiten alle
notwendigen Behandlungsschritte ein.

Noma unbehandelt zu überleben ist möglich, aber selten.
Man schätzt, dass 70 bis 90 Prozent der Betroffenen ohne
Behandlung sterben. Deshalb haben wir auch über all die
Jahre in Aufklärungsarbeit investiert, um eben die infizier-
ten Kinder aus ihren Verstecken zu holen und einer Behand-
lung zuzuführen.

Auch wenn ich die Grausamkeit dieser Krankheit im Verlauf meines Buches immer wieder angedeutet habe, so muss
ich es an dieser Stelle nochmals verdeutlichen. Wir sind trotz
aller Bemühungen, die Noma-Erkrankung in den Griff zu bekommen, noch nicht einmal so weit, dass wir unseren Gegner
wirklich kennen. Trotz all der Forschungen gab es bislang nur

wenig Neues zu berichten. Wir wissen nur, was dieser Gegner anrichtet, aber wir wissen nicht, warum er es tut.

Diesem Warum geht mittlerweile Dr. Florian Gehre für uns auf den Grund. Bereits seit Jahren engagiert sich der Mikrobiologe aus Landshut in der Tuberkulose-Forschung in Afrika. Er kennt die Länder, er kennt die Menschen und er kennt die Probleme. Im Zuge seiner Arbeit erfuhr er von unserem Engagement in Niger. Und da Landshut und Regensburg nicht so weit voneinander entfernt sind – nach afrikanischen Verhältnissen sind wir direkte Nachbarn –, bot er seine freiwillige Unterstützung an.

Meine persönlichen Initiativen in Sachen Ursachenforschung verliefen bislang mehr oder minder im Sande, da der nötige Draht zwischen deutschen Universitäten und nigrischen Spezialisten beziehungsweise Behörden fehlte. In der Person von Florian Gehre haben wir nun beides gefunden: Einen Mann mit dem nötigen Verständnis für die Probleme Afrikas und den notwendigen Drähten zu nigrischen Medizinern. Endlich geht es voran.

Dr. Gehre vermutet, dass es unter Umständen eine genetische Komponente ist, die schlussendlich den Ausbruch einer Noma begünstigt. Um dieser Theorie nachgehen zu können, brauchten wir für den Beginn einer Testreihe die Genehmigung der Ethikkommission in Niger. Vor wenigen Monaten hat diese unser Forschungsprojekt genehmigt, mit dem wir mögliche genetische Ursachen für die Entstehung von Noma untersuchen wollen. Zusammen mit den Universitäten Niamey und Cambridge werden wir uns in einem ersten Pilotprojekt 20 Kinder mit Noma, deren gesunde Geschwister und ihre Mütter ansehen. Wir freuen uns sehr, dass diese wichtige Arbeit nun starten kann, und hoffen, so vielleicht einen Beitrag zur Klärung der Ursachen von Noma leisten zu können. Dies ist endlich ein Schritt in die richtige Richtung – und endlich auch ein Ziel vor Augen. Doch vielleicht setze ich auch persönlich zu viel Hoffnung daran, dass es eine genetische Ursache für die weite Verbreitung von Noma in Westafrika gibt.

Andere Experten haben andere Meinungen. So vermutet beispielsweise Prof. Dr. Lemperle, der Gründer von *INTERPLAST Germany e. V.* und langjähriger Wegbegleiter der *Hilfsaktion Noma e. V.*, dass es etwas mit den landesüblichen Gewohnheiten zu tun hat, die einer Infektion Tür und Tor öffnen. Dazu gehört beispielsweise das Kauen und Knabbern an Knochen. Das machen viele Kinder in Afrika, wenn sie Hunger haben. Dadurch kann es logischerweise zu kleinsten Verletzungen in der Mundschleimhaut kommen, die wiederum als Eintrittspforte für Bakterien dienen könnten.

Insgesamt: zu viel Konjunktiv, zu wenig Konkretes.

Eigentlich wollen wir als *Hilfsaktion Noma e. V.* nur eins: Noma verhindern. Stattdessen jedoch laufen wir der Noma – sprichwörtlich – hinterher. Es ist wie das Spiel von Hase und Igel, wobei einer dem anderen immer eine Nasenlänge voraus ist. Leider hatten wir bislang nur selten die Nase vorn …

Hilfsaktion Noma e. V. – gemeinsam eine Zukunft bauen

Ich habe recherchiert, dass sich in Deutschland rund 14 Millionen Menschen ehrenamtlich engagieren. Ein Viertel macht das im Bereich der Jugend- und Kinderhilfe und insgesamt wenden davon 68 Prozent circa fünf Stunden pro Woche auf.

In dieses statistische Schema passen wir definitiv nicht. Mit einem Einsatz von nur fünf Stunden in der Woche kommt kein Vorstandsmitglied des Vereins *Hilfsaktion Noma e. V.* hin. Da wir uns noch dazu um eine Randgruppe kümmern, nämlich afrikanische Kinder, die an Noma erkrankt sind, erfährt die Arbeit, die wir hier vor Ort in Deutschland leisten, logischerweise weniger Aufmerksamkeit.

Nicht zuletzt aus diesem Grund bin ich froh und glücklich, dass wir knapp 500 Vereinsmitglieder haben, die uns den Rücken stärken. Wenn ich von »wir« und von »uns« schreibe, dann meine ich damit den gesamten Vorstand. Nur mit einer intakten Gemeinschaft ist es möglich, den Verein nach innen und außen zu verteidigen.

Natürlich mache ich mir Gedanken, wie es in Zukunft weitergehen wird. Mein Sohn Mathis und meine Schwiegertochter Jasmin engagieren sich mittlerweile ebenfalls im Verein – und zwar an vorderster Front. Sie unterstützen mich darin, die Arbeit sukzessive zu professionalisieren. Das ist dringend notwendig, denn die Zeiten, in denen ich noch alle Noma-Kinder und deren Familien persönlich kannte, sind längst vorbei.

Von außen betrachtet könnte durchaus der Eindruck entstehen, dass es sich bei der *Hilfsaktion Noma e. V.* mittlerweile um ein Familienunternehmen handelt. Dieser Eindruck wiegt schwer, ist aber leider die Konsequenz daraus, dass ehrenamtliches Engagement kostet. Und zwar kostet es Zeit, Nerven und auch Geld.

Noch vor wenigen Jahren war die Situation anders. Der Verein konnte in allen möglichen Positionen, die die Regularien vorschreiben, mit unterschiedlichen Personen besetzt werden – Freunde, Bekannte und Kollegen. Wir waren eine bunt gemischte Truppe und zum Großteil von Anfang an dabei. Mit dem Erreichen des 75sten Lebensjahrs zog sich dann der 3. Vorsitzende aus Altersgründen zurück. Wir kündigten Neuwahlen an und beriefen die Mitgliedervollversammlung ein. Da sich in der Versammlung selbst niemand zur Wahl stellte, bat ich in letzter Konsequenz meinen Sohn Mathis, ob er bereit wäre, für diesen Posten zu kandidieren – was er dann auch tat. Er wurde in die Position gewählt.

Nur kurze Zeit später verstarb unser langjähriger Kassenwart plötzlich. Er war ebenfalls von Anfang an mit dabei gewesen. Wer sich in Vereinsangelegenheiten auskennt, der weiß, dass niemand gerne diese Position innehat. Aber ich konnte unsere Schriftführerin überreden, diese Stelle zu übernehmen.

Ihre Position neu zu besetzen, erschien mir leichter, doch ich sollte mich täuschen. Schlussendlich übernahm mein Mann Paul die Funktion, auch wenn das nie so geplant war.

Zur zeitlichen Entlastung des Vorstands und um die administrative Last zu mildern, gibt es zudem die neue Position der Geschäftsführerin des Vorstands. Meine Schwiegertochter Jasmin Winkler hat diese Aufgabe übernommen.

In der Tat stelle ich fest, dass nur wenige Menschen bereit sind, sich aktiv für die Vereinssache zu engagieren. Ich habe auch Verständnis dafür, denn die Aufgaben und die Größe der *Hilfsaktion Noma e. V.* machen unter Umständen Angst.

Ein weiterer Punkt ist sicherlich die finanzielle Unabhängigkeit, die man haben muss, um sich für unsere Hilfsaktion voll und ganz einzusetzen. Paul und ich sind Pensionäre und wir können uns das freiwillige Engagement leisten.

Nach 23 Jahren der ehrenamtlichen Arbeit stehe ich jetzt an dem Punkt, an dem ich entscheiden muss, wie es weitergehen soll. Momentan hat mein Sohn Mathis neben seiner

Vorstandstätigkeit auch hauptamtlich die Projektbetreuung in Afrika übernommen. Sein Arbeitgeber hat ihn dafür freundlicherweise beurlaubt. Gemeinsam wollen wir die wichtigen Dinge auf den Weg bringen – niemand weiß, was die Zukunft bringt.

Mein Wunsch für die Zukunft ist jedoch: Der Kampf gegen Noma muss weitergeführt werden. Es geht dabei nicht nur um das Bewahren des bislang Erreichten, sondern auch um das Weitergeben der Flamme. Denn nur wer für etwas brennt, kann den Enthusiasmus generieren, den humanitäre Arbeit erfordert.

Anerkennung ... Für was bitte schön noch mal?

Ich bin seit jeher kein besonders emotionaler Mensch. Da ich es als ehemalige Lehrerin zudem gewöhnt war, stets vor mehreren Leuten zu sprechen, fällt mir das auch heute nicht schwer. Allerdings empfinde ich es noch heute als notwendiges Übel, eine Rede halten zu müssen oder mich für Anerkennungen zu bedanken – so glücklich und dankbar ich auch innerlich dafür bin.

Meine erste Auszeichnung erhielt ich im August 2003. Damals verlieh mir Präsident Mamadou Tandja in Niamey die »Médaille d'honneur de la Santé« der Republik Niger. Im April 2002 hatten wir die Noma-Klinik La Magia unter großem Tamtam eröffnet. Zu diesem Anlass musste ich natürlich auch eine Rede halten und ich tat das auf meine ganz eigene Art. Normalerweise bedankt man sich als Redner bei dieser Gelegenheit bei allen mitwirkenden Personen und Institutionen. Bei einigen Wenigen macht man das sogar noch ausführlicher, weil sie aktiv etwas dazu beigetragen haben, dass das Projekt gelingen konnte. Bei anderen wiederum tut man es aus Höflichkeit. Das tat ich nicht. Ich widmete meine Rede den nigrischen Kindern. Zwischen den Zeilen muss man diesen Hinweis wohl verstanden haben und vielleicht erhielt ich deshalb diese Ehrenmedaille auch für die Kinder, die diese Krankheit unverschuldet erleiden.

Fünf Jahre lang erhielt ich keinerlei Ehrungen, bis ich einen Brief mit Bundesadler auf feinstem Büttenpapier aus dem heimischen Briefkasten zog. Ich hatte allerdings ein mulmiges Gefühl.

»Schau mal Paul, was heute in der Post war«, sagte ich zu meinem Mann und legte ihm den noch verschlossenen Umschlag auf den Tisch.

Paul inspizierte den Brief und tippte auf die Rückseite, auf der der Absender aufgedruckt war.

»Der Bundespräsident Horst Köhler schreibt persönlich«, war sein Kommentar. »Mach auf, dann weißt du, was er will.«

Es war eine Einladung. Man freute sich darauf, mir das Bundesverdienstkreuz zu verleihen. Paul beobachtete mich genau, während ich die Zeilen überflog. »Schlechte Nachrichten?«, frotzelte er.

Nun, vielleicht sind andere Menschen hoch erfreut, wenn sie so eine Auszeichnung erhalten, ich jedenfalls freute mich zwar einerseits ebenfalls, stand dem aber mit gemischten Gefühlen gegenüber.

»Ich will das nicht«, war meine spontane Reaktion.

»Du musst«, entgegnete Paul, »denk an die Sache, die dahintersteht. Nur darum geht es.«

Mein Mann hatte – wie so oft – recht. Nach nochmaligem gründlichen Studium des Briefes war ich einverstanden: »Der

Bundespräsident bittet Frau Ute Winkler-Stumpf zur Verleihung des Verdienstordens der Bundesrepublik Deutschland aus Anlass des Tages des Ehrenamtes am Freitag, dem 05. Dezember 2008 um 11 Uhr«.

Ganz gleich, wie ich persönlich über solch eine Auszeichnung dachte, ich nahm sie im Namen der Kinder, aller Mitarbeiter, Vereinsmitglieder und Spender schließlich an. Am 5. Dezember 2008 überreichte mir Bundespräsident Horst Köhler also im Berliner Schloss Bellevue das Bundesverdienstkreuz. Ich hatte meinen Mann Paul und Binia, der mittlerweile 21 Jahre alt war, mitgenommen. Während der eine oder andere Empfänger dieser Ehre eine Träne verdrückte, nahm ich das ganz gelassen hin. In solchen Momenten Emotionen zu zeigen, ist nicht meine Art.

Meine Dankesworte im Anschluss an die Verleihung mögen daher auf den einen oder anderen eventuell etwas kühl gewirkt haben: »Ich habe diese Auszeichnung der Arbeit unseres Vereins sehr gerne entgegengenommen – stellvertretend für all diejenigen, die uns über die Jahre so tatkräftig unterstützt haben.«

Danach war mit den Ehrungen und Auszeichnungen für lange Zeit wieder Schluss. Erst im Jahr 2014 lag erneut Büttenpapier im Briefkasten. Diesmal lud die Bayerische Sozialministerin Emilia Müller ein, um mir die Bayerische Staatsmedaille für soziale Verdienste zu überreichen.

Allmählich musste ich mir eine repräsentable Vitrine anschaffen, um die Orden und Kreuze unterzubringen. 2016 bekam ich nämlich gleich drei Auszeichnungen: Zuerst das »Certificat of Recognition« für die Arbeit in Guinea-Bissau – durch die Gesundheitsministerin Dr. Cadi Seidi. Dann zwei Monate später die »Temoignage officiel de Satisfaction« für das Engagement im Kampf gegen die Krankheit Noma in Niger – durch den Gesundheitsminister Kalla Moutari.

Und schließlich wurde mir am 5. November der »Regensburger Stadtschlüssel« durch Oberbürgermeister Joachim Wolbergs überreicht. Diese Ehrung hat mich persönlich sehr gefreut, denn all mein Engagement ging und geht von der Stadt Regensburg aus und ich denke, dass die Hilfsaktion Noma über die Jahre zum Renommee der Stadt beigetragen hat.

Die bislang höchste, weil exklusivste Auszeichnung bekam ich 2017 – nämlich den Bayerischen Verdienstorden. Dieser ist etwas ganz Besonderes, weil es nur maximal 2000 lebende Träger davon geben darf. Als ich im Juli 2017 mit meiner Familie also nach München reiste, war ich schon ein bisschen aufgeregter als gewöhnlich. Auf dem Weg in den Festsaal ging vor uns Horst Seehofer, der Bayerische Ministerpräsident. Er hielt uns sogar die Tür auf und scherzte: »Es ist mir eine Ehre, heute ihr Pförtner zu sein.«

Die Ehre war ganz meinerseits.

EPILOG

Ein Tag ohne Lächeln ist ein verlorener Tag.
(Charlie Chaplin)

Am 12. Juli 2017 erhielt ich also den Bayerischen Verdienstorden. Nur wenige Tage später hatte ich einen Termin, der mich nicht minder glücklich machte und der für mich persönlich noch von viel größerer Bedeutung war: nämlich die Abschlussmodenschau, bei der Binia seine erste eigene Kollektion präsentierte.

Binia Sani heißt heute Binia Benjamin Winkler und ist mittlerweile 30 Jahre alt.

Leider ist es uns über die Jahre nicht gelungen, seine Wurzeln in Niger für ihn lebendig zu halten. Nachdem wir ihn 2003 adoptierten, erhielt er eine dauerhafte Aufenthaltsgenehmigung in Deutschland. Binia hat heute eine doppelte Staatsbürgerschaft – die deutsche und die nigrische. Er hat sich in seiner neuen Heimat voll und ganz integriert. Trotzdem halten Binia und unsere Familie weiterhin Kontakt zu seinen Eltern in Gomba Saboua.

Binia hatte nach seiner Ausbildung zum Industriekaufmann bei einer Bekleidungsfirma im Rahmen einer Weiterbildung das Berufskolleg in Stuttgart besucht, wo er Modedesign studierte und erfolgreich abschloss. In einem Zeitungsinterview wurde er einmal gefragt, was er denn werden wolle. Seine Antwort: »Schuhdesigner«. Auf die Nachfrage des verwirrten Reporters, warum gerade dies sein Wunsch sei, antwortete er: »Schuhe waren früher für mich der Inbegriff von Luxus. In Niger hatte ich keine Schuhe, dafür aber Schwielen unter den Füßen wie ein Elefant. Das will ich nie mehr.«

Das muss auch nicht sein, denn als ich die Models mit Binias Kollektion über den Laufsteg gehen sah, wusste ich: »Da ist er richtig!« Aus dem kleinen, verschüchterten Jungen aus Niger ist ein selbstbewusster, gut aussehender Mann geworden.

Ich bin froh, dass Binia sich so gut in Deutschland entwickelt und integriert hat. Gleichzeitig ist das natürlich auch mit Wehmut meinerseits verbunden, weil es bei ihm mit der Reintegration in seiner Heimat nicht so funktioniert hat wie geplant. Aber Binia ist nach wie vor für mich Quelle der Inspiration und Motivation, die Mission der Hilfsaktion weiter zu verfolgen: nämlich die Krankheit Noma zu besiegen – und das auf allen Ebenen, also sowohl mit der Behandlung von Betroffenen als auch mit der Prävention und Aufklärung sowie der Ursachenforschung.

Die Herausforderung der kommenden Jahre wird es sein, das Begonnene fortzuführen und neue Herausforderungen anzunehmen. Allein ein geplantes Noma-Programm in Nigeria wird – wenn man sich den Bedarf und die Zahl der Betroffenen ansieht – alles in den Schatten stellen, was bisher in den anderen westafrikanischen Ländern aufgebaut wurde.

Während ich diese Zeilen schreibe, erreicht mich eine E-Mail von meinem guten Freund und Unterstützer Prof. Dr. med.

Gottfried Lemperle, dem ich von diesem Buch erzählt habe. Er schreibt:

»Liebe Ute,
erinnerst du dich an unser erstes Blind Date am Frankfurter Airport 1995? Damals lernten wir uns kennen. Du, die Regensburger Lehrerin, die unbedingt Kindern mit entstellenden Defekten nach einer Noma-Infektion helfen wollte und plante, sie zunächst nach Regensburg zur Operation zu holen. Wir trafen uns mit Mitarbeitern von *Sentinelles*, die damals in Zinder in Niger ein Zentrum für kranke Kinder betrieben und ja auch heute noch betreiben. Ich war dabei, meine Erfahrungen mit Noma-Patienten in Nigeria, Ghana, und auch in Frankfurt, zur Verfügung zu stellen.

Ich gebe zu, damals war ich skeptisch: Eine Schullehrerin mit wenig medizinischer Fachkenntnis und keiner Erfahrung in der Entwicklungshilfe? Afrikanischen Boden hattest du bis zu diesem Zeitpunkt noch nie betreten. Und dennoch: Die Leidenschaft, mit der du dein Anliegen vertratst, imponierte mir sehr. Ich wusste, eine Frau mit einem derartigen Drive macht aus allem, was sie anpackt, Gold! Zunächst holtest du Kinder mit Noma-Defekten nach Regensburg und hast die wenigen Spezialisten überzeugt, diese (ihnen bis dahin fremden) Gesichtsdefekte plastisch-chirurgisch zu verschließen. Und in wenigen Jahren entstand aus den OP-Evakuierungen der Kinder nach Bayern durch dein unglaubliches Engagement ein wesentlich effizienteres Noma-Hospital in Niamey, Niger.

Mehr als zwei Jahrzehnte sind seitdem vergangen. Aus dem windigen Kleintransporter, mit dem du damals ins Abenteuer aufgebrochen bist, ist mittlerweile ein stabiler Jumbojet geworden, der immer wieder zu neuen Zielen fliegt, um Noma-Kindern zu helfen. Ich bin dir dankbar, dass ich damals mithelfen durfte, die *Hilfsaktion Noma e. V.* auf die Startbahn zu bringen. Seitdem begleite ich – wenn auch aus der Ferne – die Erfolgsgeschichte dieses Langstreckenfluges mit Erstaunen.

Ich wünsche dir und deinen Mitarbeitern weiterhin viele gute Landungen – aber nur, um kurz zu tanken, Spezialisten abzuwerfen und gegebenenfalls schwierigste Fälle mit zurück nach Regensburg zu nehmen! Bleib wie du bist, liebe Ute: Meine chirurgischen Kollegen und viele Hunderte zukünftige Noma-Patienten werden es dir lebenslang danken, dass du ihnen den Weg zurück in die Gesellschaft ermöglicht hast ...«

Ich bin glücklich, dass ich mich auf diesem Weg auf Unterstützer verlassen kann: auf meine Familie, auf den Vorstand, auf die Mitglieder und auf die Operationsteams der *Noma Hilfe Österreich* und von I *INTERPLAST Germany e. V.*, aber vor allem auf die Spenderinnen und Spender, die die Arbeit der Hilfsaktion erst möglich machen – auf dass der Tag kommen wird, an dem kein Kind mehr ein geschenktes Lächeln braucht.